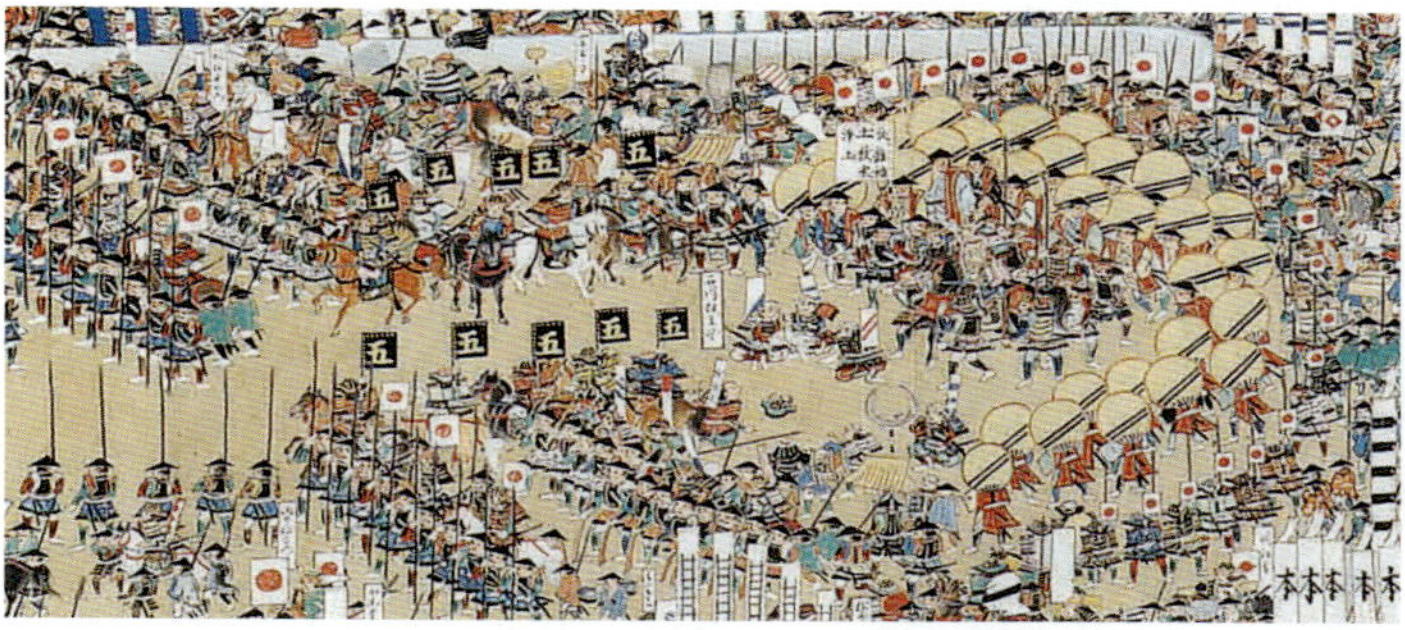

「五」の字の旗指物が並ぶ徳川家康の本陣

家康が遣わしたとされる「問鉄砲」隊

前方の大谷吉継の軍勢と撃ち合う小早川秀秋の軍勢。「五」の字の旗指物を付けた騎馬武者は奥平貞治（藤兵衛）

関ヶ原戦陣図屏風（右隻・福岡市博物館蔵）より部分〔本文42～46頁参照〕

関ヶ原戦陣図屏風（二曲一双・右隻の右半分・福岡市博物館蔵）

右隻 70.2×219.8cm〔本文42〜46頁参照〕

江戸時代後期に製作され、黒田家の名宝として伝わる彩色豊かな合戦図屏風。歴史的事実というよりは、江戸時代に作り上げられたフィクションとしての関ヶ原合戦が描かれている。

❶徳川家康 本陣　❷安国寺恵瓊陣所　❸毛利秀元陣所　A南宮山

関ヶ原戦陣図屏風（右隻の左半分・福岡市博物館蔵）〔本文42〜46頁参照〕

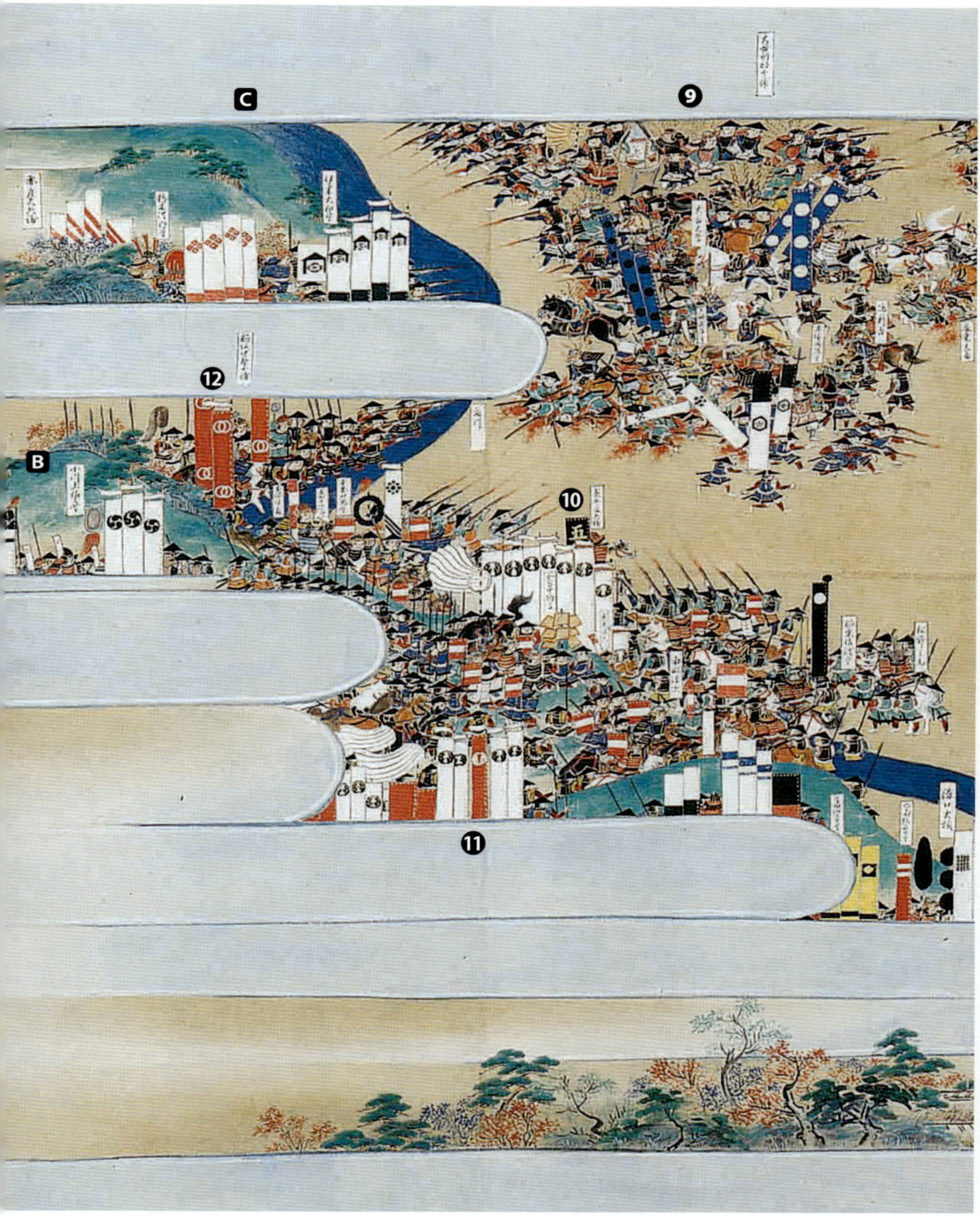

❹山内一豊隊　❺蜂須賀至鎮隊　❻「問鉄砲」隊　❼有馬則頼隊
❽藤堂高虎隊　❾大谷吉継隊　❿奥平貞治（藤兵衛）
⓫小早川秀秋陣所　⓬脇坂安治隊　🅑松尾山　🅒藤川

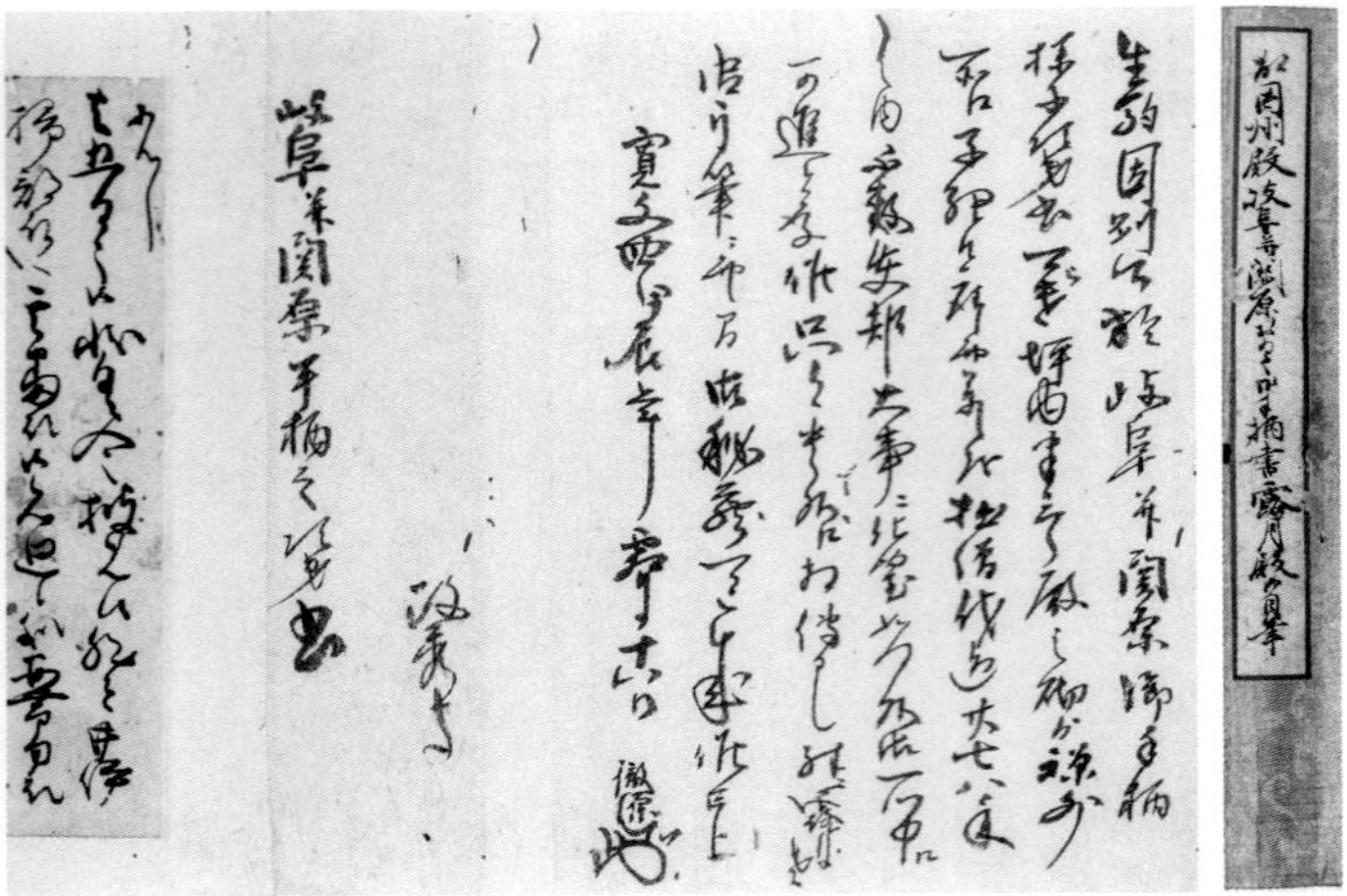

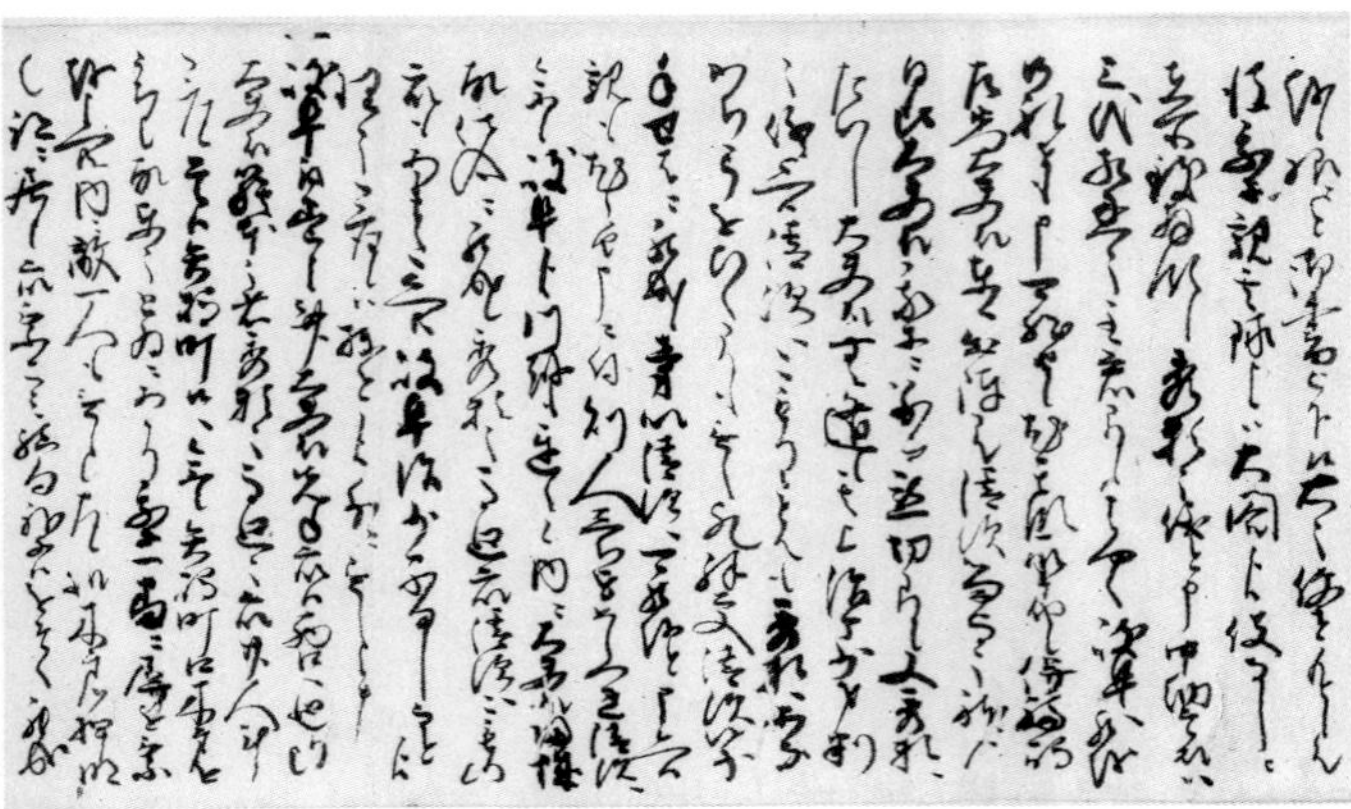

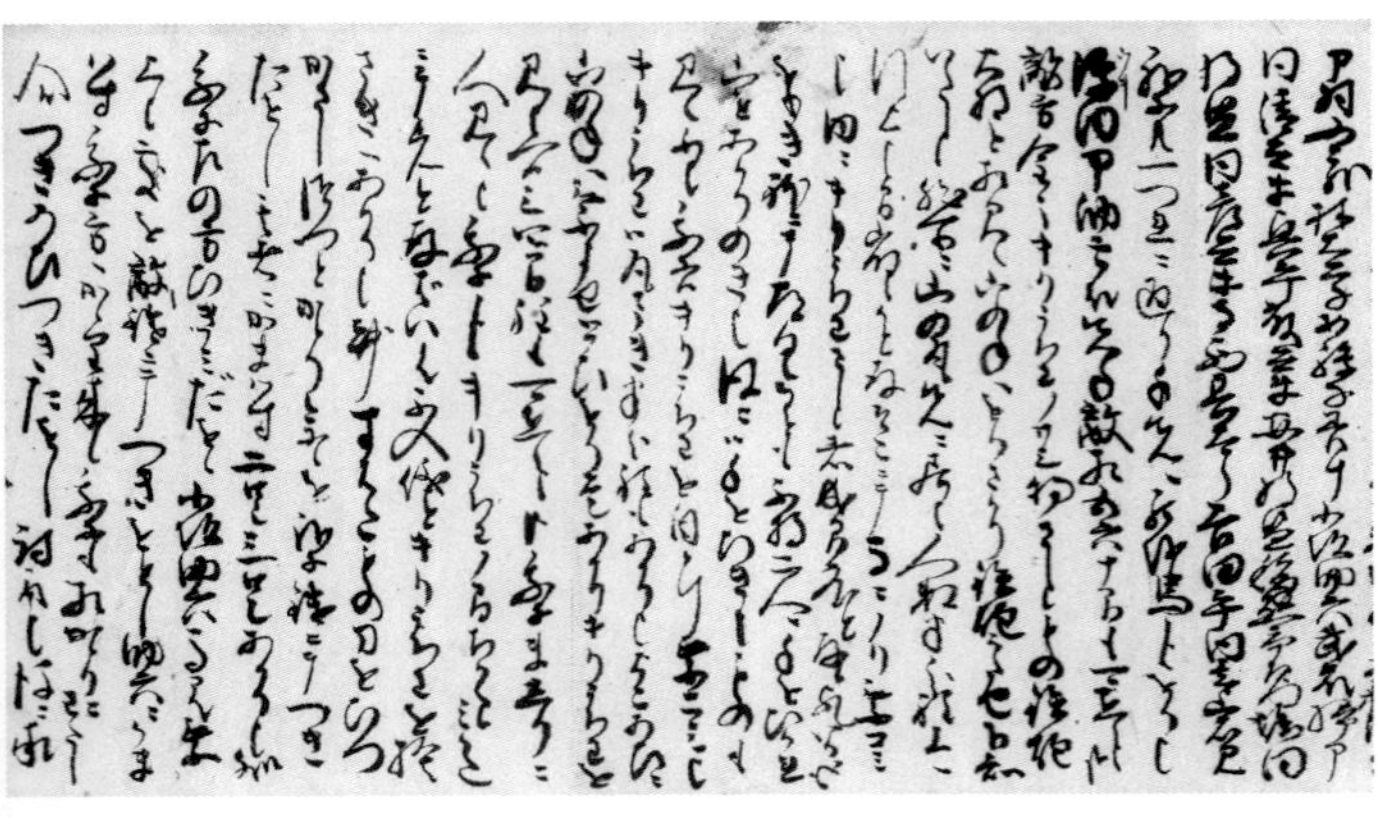

生駒利豊書状（極月十三日付坪内定次宛・生駒陸彦氏蔵）二八・〇×二〇八・六cm

生駒利豊（露月）が、坪内定次の求めに応じて関ヶ原での実戦の模様などを自らしたためた書状。正式名称は題簽にあるように「故因州殿岐阜并関原おゐて御手柄書露月殿御自筆」（本文五〇～五五頁参照）。

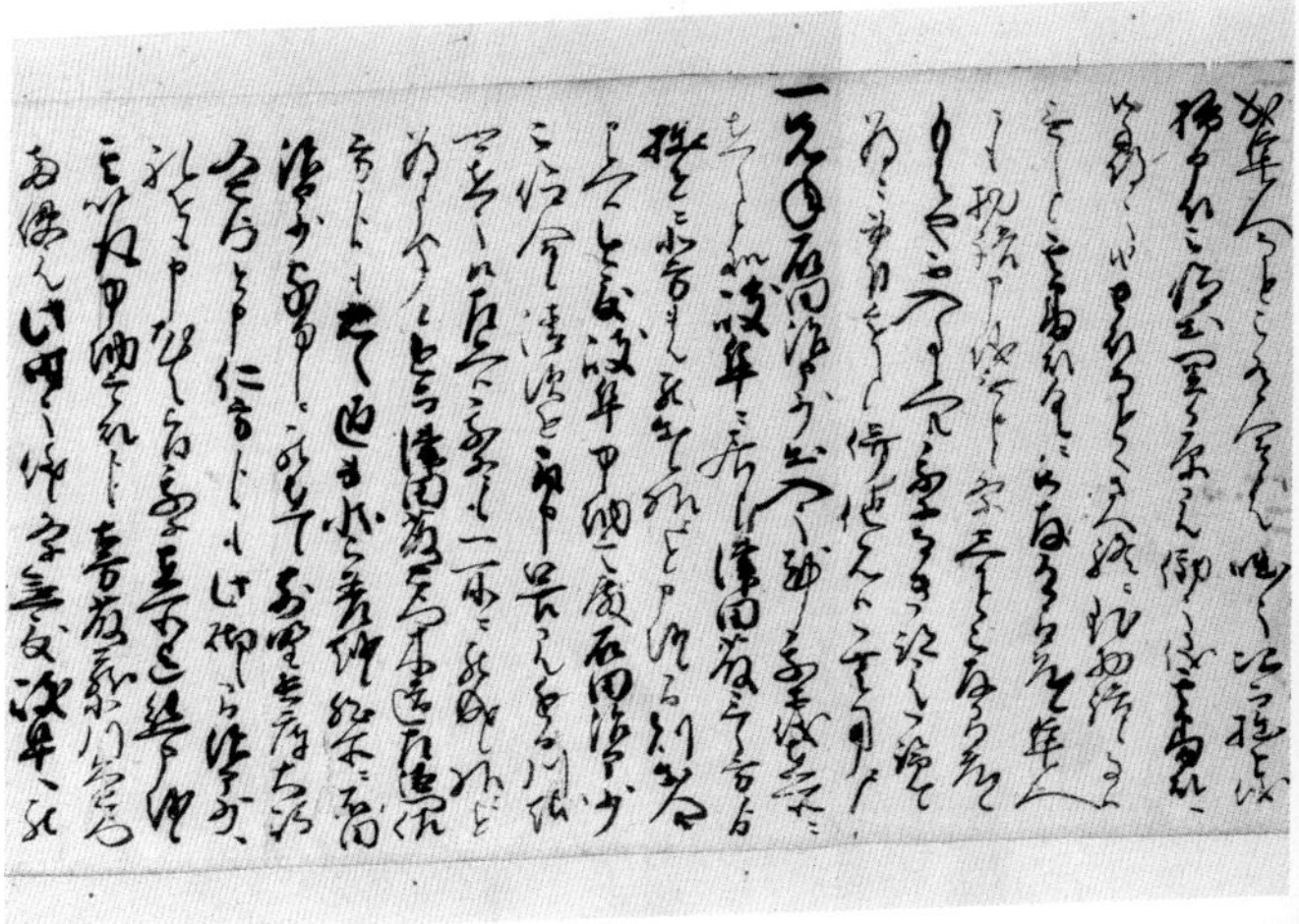

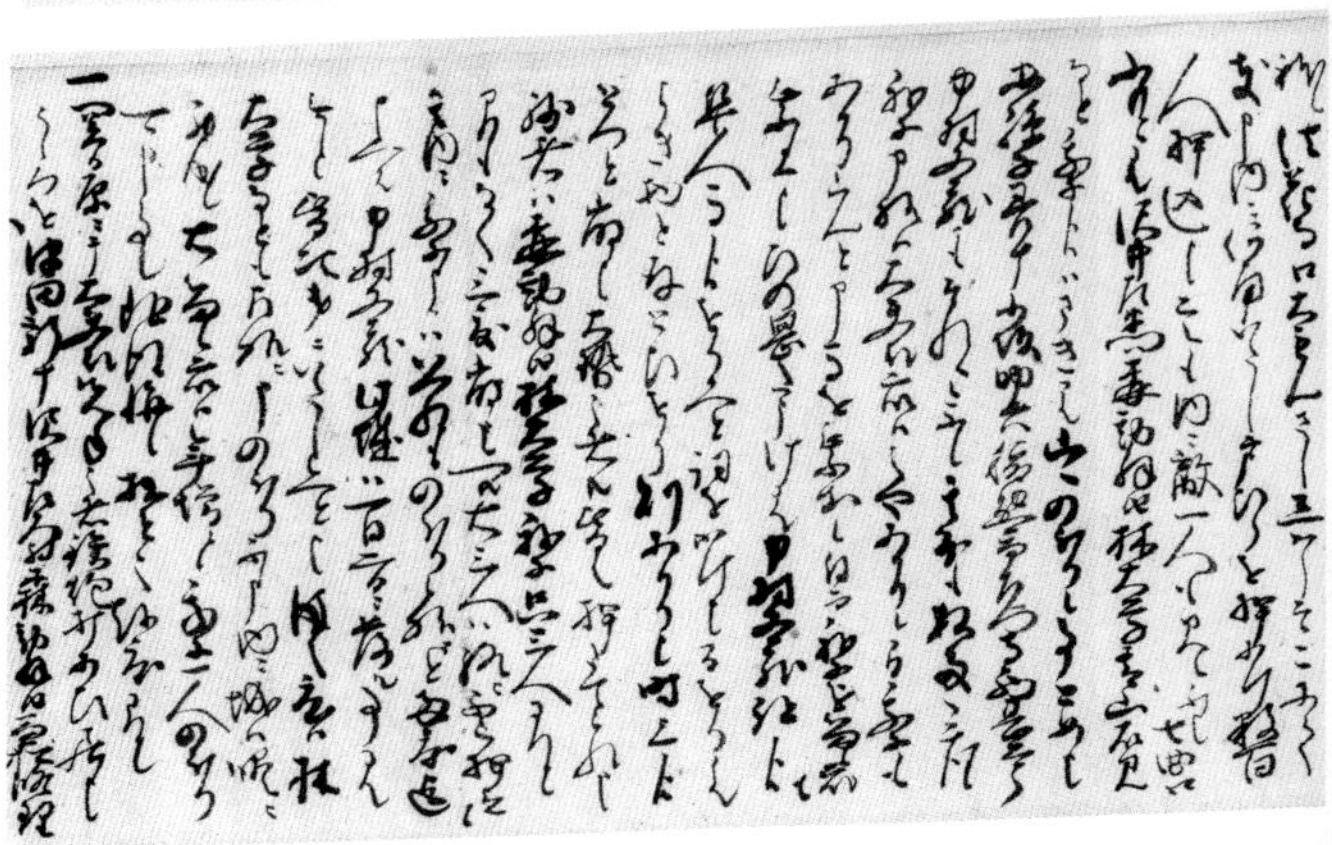

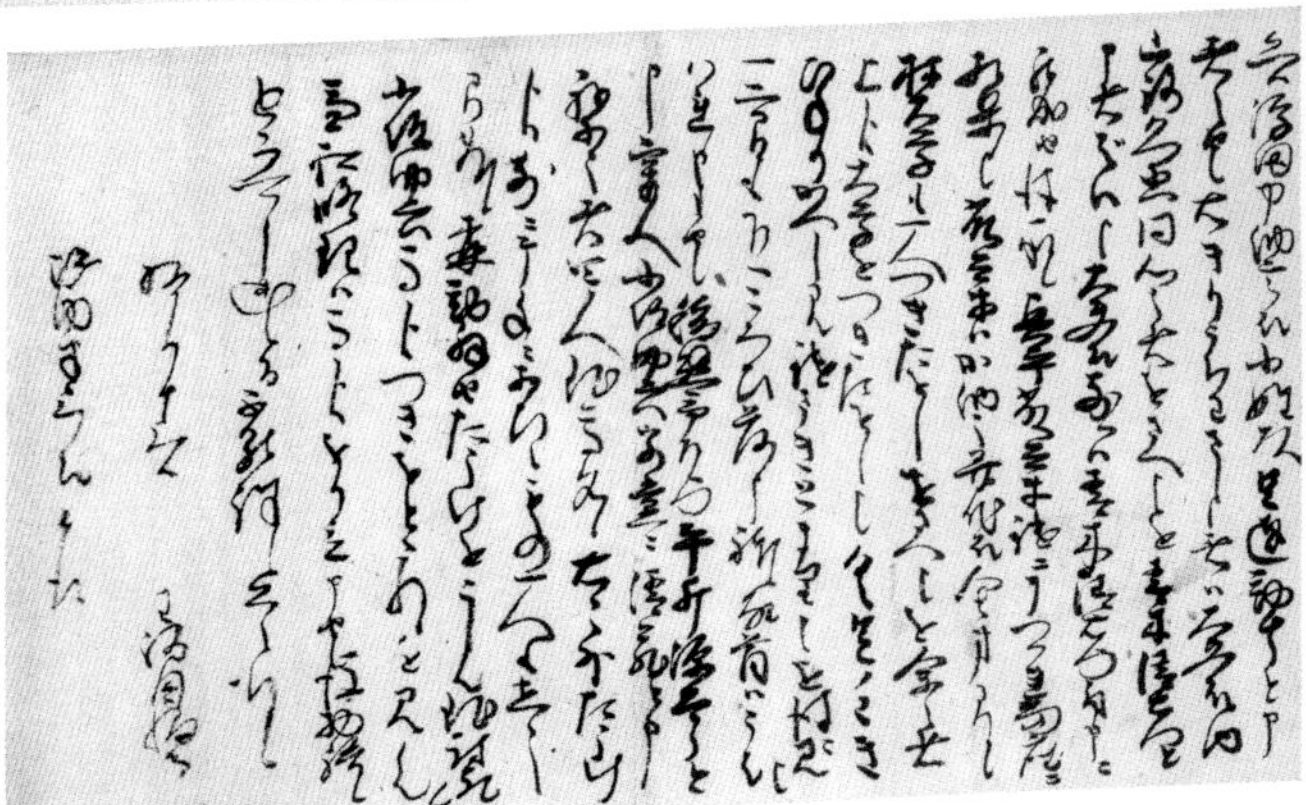

濃州関ヶ原御闘戦 東照大神君 赤坂御陣営 諸将陣取之図

（大垣市立図書館蔵）163.5×99.0cm

江戸時代に流布した関ヶ原合戦の布陣図の中で、徳川家康の岡山本陣を過大にデフォルメして描いた事例。この布陣図では、家康の岡山本陣が図の中央右寄りの位置に楕円形に描かれている〔本文193頁参照〕。便宜上、東西南北の方位を図の枠内に入れた。

はじめに

関ヶ原合戦に関する本はこれまで非常に多く刊行されてきた。また、毎年のように歴史関係の雑誌では関ヶ原合戦を特集した記事が出たり、歴史ドラマや歴史の教養番組でもくりかえし放送されてきたりしたので、関ヶ原合戦についてはすべて調べつくされてきた、という印象を持っている読者も多いであろう。

関ヶ原合戦に至る経過も含めて、現代の我々は、こうした関ヶ原合戦に関する〝おなじみのストーリー〟をよく知っている。それは、刷り込み現象といってもいいくらい、毎度毎度くりかえして同じようなストーリーを読ませられ、テレビ番組で見せられて、それが間違いのない歴史的事実であると思い込まされてきた。

その結果、現代の我々は、これを、あたかも「日本昔ばなし　関ヶ原合戦」のように感じて、決まりきったストーリーを何の疑いもなく信じ込んでいるのである。

こうした関ヶ原合戦の〝おなじみのストーリー〟は、数多くの名場面に満ちていることがわかる。もし、自分がテレビドラマのプロデューサーや脚本家であれば、ぜひ一度は豪華キャストでふんだんに制作費をかけて大作の歴史ドラマにしたいと思うくらい魅力的なストーリーである。

しかし、少し冷静になって考えてみると、この〝おなじみのストーリー〟は、多くの名場面がやけに芝居仕立てであることや、徳川家康にとって出来過ぎた話が多いことに気付くわけで、果たして本当に歴史的事実であるのだろうか、という疑問が沸いてくる。つまり、ストーリーが魅力的であるということと、それが歴史的事実であるということとは全く別問題なのである。

ところが、これまで数多く出されてきた関ヶ原合戦の関係本では、そうした点に一切の疑問を差し挟むことなく、この〝おなじみのストーリー〟がくりかえしくりかえし再生産されてきたので、現代の我々は無意識のうちに洗脳されて、この〝おなじみのストーリー〟が動かしようのない歴史的事実であると錯覚してきた感がある。

この〝おなじみのストーリー〟でもう一つ指摘できるのは、家康視点でのみ描かれていることであり、この点も関ヶ原合戦の関係本では共通して見られる特徴である。しかし、戦史の記述で勝者サイドからのみの記述しかないというのは極めて奇妙である。例えば、戊辰（ぼしん）戦争の記述がすべて勝利者である薩長（さっちょう）側の視点だけで書かれていたら、それは正しい戦史分析とは言えないであろう。しかし、関ヶ原合戦では勝者である家康視点でのみ描かれ、家康の正統性だけを称揚（しょうよう）する関係本がほとんどなのである。この点についても関ヶ原合戦の関係本ではこれまで何の疑問も指摘されてこなかった。

なぜ家康視点でのみ描かれているのかという理由は、本書の序章を読んでもらうとわかるのであるが、これまで関ヶ原合戦の記述が、〝家康の家康による家康のための関ヶ原合戦〟になっていて、関ヶ原合戦は当初から家康が勝利することがわかりきったものであり、いわば緊張感が全くない〝家康の思い出づくり〟のための合戦という印象さえ持たれているのが現状であろう。

こうした〝おなじみのストーリー〟が、いつまでもまかり通っている原因は、関ヶ原合戦が一般的書籍や歴史雑誌などで数多く取り上げられるのとは対照的に、関ヶ原合戦に関する歴史学の分野での研究論文（学術論文）が非常に少ないことも一因である。このことは関ヶ原合戦に関する真の歴史的理解の進捗（しんちょく）を妨げる原因になっている。

このようなアンバランスな状況を考えると、関ヶ原合戦に至る経過も含めて、いま一度原点にたちかえって関係史料を真摯（しんし）に再検討し、本当の関ヶ原合戦像を歴史学の視点から検証する必要があると筆者は考えている。その意味で、本書では、これまでくりかえし再生産されてきた関ヶ原合戦の〝おなじみのストーリー〟を真っ向から否定し、一次史料によって〝本当の関ヶ原合戦〟を考察し、読者の方に提示したいと思っている。

なお、本書の中で引用した史料については、原則として筆者が現代語訳したものを示して、読者の方に理解していただくように努めた。

目次

第一章　関ヶ原合戦当日の虚像を剥ぐ　47

序章　関ヶ原合戦はどう語られてきたのか

――江戸時代に誕生した関ヶ原合戦像

(一)江戸時代の軍記物が作り出した虚偽に満ちた関ヶ原合戦像

現代の我々がよく知っている関ヶ原合戦及び、合戦に至るまでの経過は、おおよそ以下のような流れである。

◆関ヶ原合戦に至るまでの経過

①慶長五年(一六〇〇)五月、徳川家康が直江兼続(上杉景勝の重臣)の挑発した書状(直江状)内容に激怒して上杉討伐の命を下した。

②同年七月、大坂の奉行衆は、家康を弾劾する内容の「内府ちかひの条々」を出した。しかし、上杉討伐のため北関東に下向していた豊臣系諸将は同月二十五日の小山評定(おやまひょうじょう)において、一致結束して家康を支持して上杉討伐を中止し、石田三成を討つためにすぐに西上した。

③小山評定のあと、家康は居城である江戸城に帰って、余裕たっぷりにじっくりと戦略を練り準備を整えてようやく九月一日に江戸城を出馬した。

④九月十五日の関ヶ原合戦では、当日昼前まで石田三成方の諸将は奮戦して勝敗の行方はわからなかったが、昼過ぎに松尾山に陣取っていた小早川秀秋が、家康からの鉄砲の発

砲（これは「問鉄砲（といでっぽう）」と称されている）に驚き突如寝返ったことにより、石田三成方の諸将は敗北した。

⑤関ヶ原合戦に勝利した家康は九月十五日の夜は、大谷吉継（よしつぐ）の関ヶ原の陣所跡に泊まった。

こうした一連の流れの中では、家康が直江状に激怒した場面、小山評定で福島正則が大見えをきって感動的なセリフを述べて家康に味方した場面、関ヶ原合戦当日、なかなか去就を明らかにしない小早川秀秋に対して、家康がいらだって鉄砲を放たせて裏切りを決意させた場面など数多くの名場面がよく知られている。

しかし、こうした〝おなじみのストーリー〟の名場面については、少し調べればわかることであるが、話の出所は軍記物、つまり現代的にいえばいわば小説であり、同時代の一次史料には何の根拠もない話なのである。しかも、こうした話は、江戸時代に軍記物が次々に作られると、ストーリー自体がどんどん大袈裟になり、部将たちの名セリフも増えていくのである。これらの部将たちのセリフは、もちろん軍記物で捏造された架空のものであり、小説のセリフと同じなので、全く歴史的事実ではないことは明らかである。

◆『当代記』の記載

関ヶ原合戦に関する江戸時代の軍記物や編纂史料の記載量・記載内容の時代的経過による変化について、具体的に比較すると次のようになる。

江戸時代初期に成立した『当代記』では、関ヶ原合戦について以下のような記載しかされていない（以下は筆者による現代語訳）。

> （九月）十五日、（家康が）濃州赤坂に至り着馬したところ、夜半に敵が関ヶ原へ大垣（城）よりまわり、先陣において合戦を企てた。この日（九月十五日）は雨が降り霧が深く、行く先（進んで行く先方）ははっきりわからなかった。伊勢筋へまわっていた西国衆二万五〇〇〇余（毛利秀元などの諸将を指す）は「こうづ」（現岐阜県海津市南濃町上野河戸）・駒野（現岐阜県海津市南濃町駒野）に居陣した。関ヶ原には石田三成・宇喜多秀家・大谷吉継・島津義弘・小西行長が今まさに陣を敷こうとしたところへ、小早川秀秋（政所の甥であり、太閤の養子である）が家康の味方に属したので、敵（石田三成方の軍勢）は敗北し、（敵の首）数百を討ち取った。この時、脇坂安治・小川祐滋は、にわかに（突然）家康に属した。

この記載を見ると、関ヶ原合戦の事実経過が簡潔に記載されているだけで、後世の軍記物などのように小説的な脚色はない。また、石田三成方の諸将を「逆徒」とは記さず単に「敵」と記している点や、家康を「神君」と記していない点は（『当代記』の史料原文では「内府公」）、いまだ家康が神格化されていない時代状況（『当代記』が成立した時代）を示すものである。小早川秀秋を裏切らせるきっかけになった「問鉄砲」のエピソードも記されておらず、通説では小早川秀秋と共に裏切ったとされる赤座直保・朽木元綱の名前の記載がない点は注意すべきである。また、討ち取った敵（石田三成方）を数百としている点は、数的に誇張が少ないといえよう。

その他、石田三成方の諸将が関ヶ原に打って出て戦ったという記載がなく（「合戦を企てた」としか記されていない）、まさに布陣しようとしたところを小早川秀秋が裏切ったので敗北した、という記載は非常に注目されるが、小早川秀秋の裏切りの問題については、本書の第一章で検討する。

『当代記』の成立年次について、伊東多三郎氏は寛永年間（一六二四～一六四四）と推定しているが（伊東多三郎「当代記小考」）、太向義明氏は『当代記』の記載内容を詳細に調べたうえで成立年代の下限を元和九年（一六二三）からさほど下らない年代と考定している（太向義明「『当代記』研究ノート—時間的文言の分析（巻三～九）—」）。ちなみに太向氏は『当代記』という書名は「二代将軍秀忠の代の記」と解釈している。

『当代記』の成立年次について、太向氏の指摘を考慮すると、関ヶ原合戦から約二〇年後の成立ということになり、編纂史料ではあるが成立年代が早いという点や記載内容に脚色・誇張がないという点では一定の信憑性はあると思われる。

『当代記』の著者は不明であるが、右記の関ヶ原合戦の記載では、石田三成方の軍勢を敵と記しているので徳川サイドの立場の人物であることは確実である。

なお、一次史料では、関ヶ原合戦の四日後に浅野長政が大関資増(すけます)に対して報じた書状(「(慶長五年)九月十九日付大関資増宛浅野長政書状写」、「大関家文書」)がある。この書状では、岐阜城攻城戦については「一戦に及び」と記されているが、関ヶ原合戦については「一戦に及び」という記載がなく、九月十五日の家康出陣の記載のあとには「関ヶ原表(方面)にてことごとく追討ち(追撃)を命じた」と記されていて、いきなり家康が追撃を命じた、としている。この記載内容は右記の『当代記』の記載を裏付けるものといえよう。

◆『関原始末記』の記載

次に、江戸時代前期の明暦二年(一六五六)に成立した『関原始末記(せきがはらしまつき)』の九月十五日当日の記述を現代語訳すると、以下のようになる(傍線筆者。適宜、読みがなをつけた)。

明ければ（九月）十五日、寅の刻（午前四時頃）に先手の福島正則方より、使者として祖父江法斎が御本陣へ来て、石田（三成）が大垣城を出て関ヶ原へ出陣したことを注進した。これにより家康は出馬して、関ヶ原本道の南、両（ママ）（南カ）宮山の北のはずれに本陣をすえさせた。先手の藤堂高虎、本多忠勝、福島正則等は、本道の南の方に陣を取った。松平忠吉、井伊直政、田中吉政、細川忠興、金森長近、加藤嘉明、黒田長政、竹中重門などは本道より北方に陣を取った。池田輝政、浅野幸長、三河・遠州・駿河勢は旗本の後陣として本道より北方に陣を取った。これは南宮山の敵への手当て（配置される部将）となるのであろうか。堀尾忠氏は大垣の押さえに申し付けられ、その道筋に陣を取った。

そうこうしているうちに、同日の辰の刻（午前八時頃）から合戦が始まり、先陣の福島正則などは道筋を西向きに馳せかかって、京極高知、藤堂高虎は道より南へ打ってかかった。松平忠吉、井伊直政、本多忠勝も先陣に進んで攻めて戦った。田中吉政、細川忠興、黒田長政、加藤嘉明、金森長近などは二番勢にて、山の手へ向かい、石田（三成）の陣へ打ってかかった。松平忠吉と井伊直政は一手になって、宇喜多・島津の軍勢と戦った。松平忠吉は深入りして高名をあげ疵をこうむった。敵がこらえかねて、伊勢路の方へ引き退いたのを、井伊直政が追いかけたが、島津の兵がとってかえして、この時、井伊直政は鉄砲にあたって疵をこうむった。松倉重政も、この時、井伊直政の手に属して高名をあげた。そのほか、先手の諸軍は自分が劣ってはならないと思い戦った。

その中で藤堂玄蕃は、島左近の子の新吉と組み討ちをして、藤堂玄蕃が討たれたので、藤堂玄蕃の小姓が馳せ来たって新吉を討ち取った。古田重然・猪子内匠・舟越五郎右衛門・佐久間久右衛門・佐久間源吉なども敵陣へ馳せ入り攻めて戦った。小坂助六郎・安孫子善十郎・稲垣一左衛門・兼松又四郎・坪内喜太郎なども高名をあげた。伊丹兵庫・村越兵庫・河村助左衛門・奥平藤兵衛などが敵陣に駆け入って討ち死した。本多忠勝は中筋より敵陣へ駆け入った。その子の本多忠朝は高名をしたところに、小早川秀秋の軍勢がにわかに北向きに備えを立て直し、平岡頼勝・稲葉正成を先手として、大谷吉継父子・戸田勝成・平塚為広などの陣へ討ってかかった。脇坂（安治）・朽木（元綱）・小川（祐滋）も同じく続いた。

大谷吉継などの軍勢はしばらく防戦したが、すべて打ち負けたと聞いて、大谷吉継はその場を去らずに切腹した。戸田勝成・平塚為広なども、ここを最後と戦い、戸田勝成は織田長孝・津田信成と渡り合って討たれた。石田（三成）以下の敵軍などは、小早川秀秋の裏切りに驚いて騒ぎ、進退の度を失った。これを見て、御方（家康方）の諸軍はいよいよ急に攻めかかったので、敵はこらえられず、石田（三成）などをはじめとして、あるいは、伊吹山へ行き、あるいは、伊勢路を指して落ちて行った。

辰の刻（午前八時頃）に合戦が始まって、午の刻（昼の十二時頃）に及んで敵軍は残らず敗北した。討たれた者は八〇〇〇余人に及んだ。南宮山に控えていた長束（正家）・吉川（広家）・長曾我部（盛親）・安国寺（恵瓊）などは合戦に及ばなかった。吉川（広家）はかねてより御方（家康方）へ内通していたので、先陣にいたが働かなかった。石田（三成）は敗軍となり行方がわからず、大谷は自害したと聞こえたので、長束（正家）は陣を引き退いて、（居城がある）水口を指して逃れて行った。（そして水口）城中へ入り、かねて城下の町の者供の人質を取って籠城の用意をしていたが、関ヶ原で敗北したと聞いて、皆心変わりしたので、長束（正家）父子は自害した。安国寺（恵瓊）はどこの地ともなく逐電した。

戦いはすでに終わったので、（首）実検（のため家康は）山へのぼり床几に腰をかけ、冑を持ってくるように言い、人が皆怪しんでいたところ、冑をつけて、勝って冑の緒をしめるとはこのことである、と言った。この時、先手の諸大将などが（家康の）御前へ来て対面した。本多忠勝は、今日の先手の上方衆の働きは比類ない、と挨拶したら、福島（正則）なども本多忠勝の軍勢の扱いは、かねて聞き及ぶことを越えていたと言上した。本多忠勝は、殊のほか弱い敵であった、と言った。この時、松平忠吉は疵をこうむってやって来た。手を負ったのかと（家康は）尋ねた。（松平忠吉は）「かす手」（かすり傷という意味か？）である、と答えた。しかるところに、井伊直政が腕を首にかけて参上した。（家康は）床几から立って、井伊直政の疵はいかがであるか、と驚いて薬を与えた。この時、松平忠吉にも薬を与えた。井伊直政は（家康の）御前へ向かい、おのおのへは会釈もなく、今日の合戦は、我よりも先の人はあるはずがない、と大声で述べたので、汝の行動は今に始まったことではない、と（家康の）御機嫌は快然であった。

本多忠朝は血の付いた刀を抜きかけながら参上したので、（家康は）高名をしたのかと言われた。この時、山岡道阿弥が言うには、（この勝利は）夜が明けたようであるので、御勝鬨をあげるべきではないか、と言上したので、家康はこれを聞いて、いつにても田土（田や畑）での合戦はこのようであろう。なおも心もとないのは、面々の妻子が皆大坂にあり、近日上洛して妻子をおのおのへ渡してこそ勝鬨をつくるべきであると言われたので、諸将はおのおの感涙を流して平伏した。

さて、（家康は）村越茂助を使者として、松尾山の小早川秀秋の陣所へ遣わして、今日はかねての約束を破らず、軍忠をしたことを（家康が）満足している旨を申し遣わした。小早川秀秋はよろこびのあまり、村越茂助に黄金一〇〇枚を引出物として（与えた）。そして、村越茂助を案内者として、小早川秀秋も（家康の）本陣へ来て、家老など一〇人ばかりを連れてきた。脇坂安治・朽木元綱・小川祐滋も（家康の本陣へ）同じく来て御目見をおこなった。

家康は床几から降りて、今日の働きは祝着（満足に思うこと）である旨を言われたので、小早川秀秋は芝の上に平伏して御礼を述べた。（家康から）脇坂（安治）・朽木（元綱）・小川（祐滋）にも御言葉があり、早々に石田（三成）の居城の佐和山城まで押し詰めるように言ったので、小早川秀秋などは畏まった、と述べて退出した。そのあと、首実検があり、おのおのがとった首を持参して、その様子を（家康に）言上した。

結城秀康より付け置かれた使者も高名をなして（家康の）御前へ出た。（家康は）よく稼いだ、このことを早く結城秀康に知らせたく思うので、汝は急いで行くべきではないか、と言われたが、「かす手」を負っているため路次を急ぐことは難しい、と（家康に）言上したので、それならば、汝は疵を養生すべし、と言われて、別の者を遣わした。

（首）実検が終わって、日がすでに暮れたので、その夜は、藤川の台に大谷吉継が陣取りした小屋掛けに（家康は）一宿した。

井伊直政など先手は今須（現岐阜県不破郡関ヶ原町今須）に陣を取り、大垣城には石田（三成）が出陣したあとに福原長堯をはじめとして、筑紫（九州）の士である熊谷直盛父子・木村（由信）父子・垣見一直・相良頼房・高橋（元種）・秋月（種長）などが籠城していたので、（家康方の）水野勝成・松平康長などに軍勢を添えて、今日より押し寄せて攻め囲んだ。ここに相良（頼房）・高橋（元種）・秋月（種長）は（大垣）城中にいながら、ひそかに使者を井伊直政へ遣わして、この度の罪を赦免されるのであれば、返り忠をすべき旨を言上した、とのことである。

『関原始末記』の記載を見ると、上述した『当代記』よりも記載量がはるかに多くなり、諸将の動きが非常に詳しく記されていることがわかる。そして、徳川家康、本多忠勝、井伊直政、福島正則などのセリフまで入って読む者に強い印象を与える内容になっている。右記の『関原始末記』の記載の中で傍線を引いた箇所は特に文学的表現をともなった創作話と考えられる箇所である。こうした文学的表現をちりばめながら、架空の話を挿入して記載量を増やしたことからもわかるように、この『関原始末記』の記載内容は客観的な戦況の記述というよりは、架空の創作話をふんだんに盛り込んだ文学作品として見たほうが妥当な内容である。

そもそも、『当代記』よりも後の時代に成立した『関原始末記』のほうが、格段に記載量が増えているということ自体、架空のセリフや創作された話が多く挿入されたということを明確に示すものであろう。

◈『関原軍記大成』

『関原始末記』よりも後の時代に成立した『関原軍記大成(せきがはらぐんきたいせい)』はさらに関ヶ原合戦当日の記載量が増えているので、江戸時代の関ヶ原合戦に関する軍記物は、時代がくだると小説的脚色がさらにエスカレートして架空の話がどんどん追加されていく傾向にあったことがわかる。

『関原始末記』は、三代将軍徳川家光の側近であった酒井忠勝(ただかつ)（若狭国小浜(おばま)藩主）が林羅山(らざん)・林鵞峰(がほう)に編纂させたものであるから、徳川サイドの視点から関ヶ原合戦が描かれていて、家康の活躍を描く内容になっている。

この『関原始末記』と後の時代の『関原軍記大成』の記載量を比較すると次のようになる。

江戸時代前期の明暦二年（一六五六）に成立した『関原始末記』は、活字翻刻されたものが『改定史籍集覧』第廿六冊に収録されているが、収録頁数は第廿六冊の一～三一頁までであり、九月十五日当日の記述は一九～二二頁までである。この点からすると記載の分量としてはそれほど多いとはいえない。

ところが、江戸時代中期の正徳三年（一七一三）に成立した『関原軍記大成』（著者は兵学者の宮川尚古(なおひさ)）は、活字翻刻されたものが『国史叢書』に収録されているが、全四巻にわたっていて、九月十五日当日の記述は第三巻の九二～二四五頁までである。これを見るとわかるように、『関原始末記』から約六〇年後に成立した『関原軍記大成』は、記載量が飛躍的に増えて一大スペクタクルの大長編になっていることがわかる。

このように、江戸時代の軍記物は小説のようなものであり、一般読者層にアピールするため、話の内容をどんどんエスカレートさせて、芝居仕立ての架空の話がますます増幅されていった。

江戸時代の軍記物のもう一つの特徴は、すべて家康目線でストーリーが進行することである。上述した名場面の数々も、家康にとって出来過ぎた話が多いことに気付くわけであるが、江戸時代が徳川幕府治世の時代であることを考慮すると当然のことといえよう。

◈『徳川実紀』と徳川史観

軍記物のほかに、江戸時代における幕府官撰の歴史書である『徳川実紀』などにおける関ヶ原合戦関係の記載も、家康目線で記載されている。こうした江戸幕府による徳川家中心の歴史観を「徳川史観」と言うが、「徳川史観」による関ヶ原合戦像では当然、家康の軍事行動に歴史的正統性が付与されている。

このように、江戸時代の軍記物や幕府官撰の歴史書によって形成された、家康中心の関ヶ原合戦像は、〝家康の家康による家康のための関ヶ原合戦〟ということになり、上述のように場面設定が非常に具体的であり(これは創作した架空の話であるからいくらでも具体的に描くことができる)、歴史的事実でない場合でも、あたかも歴史的事実であると誤解させるくらい、その後の時代に非常に大きな影響力を与えた。

それにしてもつくづく感心させられるのは、江戸時代の軍記物の作者たちの想像力のすごさである。歴史的事実ではないありもしない話を、いかにも見てきたかのように詳細に叙述（活写）している。具体的には、部将たちのセリフの捏造もそれに該当する。

　このように考えると、現代の我々が信じ込んでいる関ヶ原合戦像は、江戸時代の軍記物や徳川史観による歴史書などの編纂史料によって創作された虚像であって、その意味では、こうした関ヶ原合戦像は江戸時代に誕生したものであることがわかる。

◆参謀本部編纂『日本戦史 関原役』

　現在の関ヶ原関係本のほとんどの根本的なネタ元は明治二十六年（一八九三）に刊行された参謀本部編纂『日本戦史 関原役』である。この『日本戦史 関原役（本編）』第五篇第二章の「本戦」には、九月十五日の戦況の推移が詳しく記されているが、その関係史料を収録している『日本戦史 関原役（補伝）』を見ると、九月十五日に関する引用史料は『岩淵夜話』、『老人雑話』など後世（江戸時代）の編纂史料ばかりなのである。

　つまり、「現在の関ヶ原関係本↓参謀本部編纂『日本戦史 関原役』↓江戸時代の編纂史料」というように引用元をさかの

『日本戦史 関原役』

ぼっていくと江戸時代の編纂史料（軍記物も含む）にたどり着くので、現在の関ヶ原関係本は、江戸時代の軍記物など編纂史料の記載内容を現代語に置き換えてくりかえし再生産しているにすぎない、ということになる。

このように、現在の関ヶ原関係本は江戸時代の軍記物などを下敷きにしていることから、どれもすべて同じようなストーリーになり、すべて家康目線のストーリーになるのは当然の結果なのである。

以上の点を勘案すると、現在の我々がよく知っている関ヶ原合戦像は、関ヶ原合戦当時の真実を伝えるものではなく、後世の江戸時代に、軍記物などの編纂史料の内容（架空の創作話）をもとに誕生した、と見なすことができよう。

◈軍記物などを下敷きにする理由

現在の関ヶ原関係本が軍記物などを下敷きにしているもう一つの理由は、上述のように関ヶ原関連の軍記物が非常に雄弁に関ヶ原合戦当日の戦況などを描写している点にある（もちろん、この描写は後世のフィクションである）。関ヶ原合戦の戦況の推移などについては、同時代の一次史料にはそれほど詳しく書かれていないが、軍記物には非常に詳しく書かれているため、その記載のほとんどは歴史的根拠のない小説的記載であっても、そうした記載に依拠しないと関ヶ原合戦当日の戦況を記述できないジレンマがあったのである。このことが、関ヶ原合戦に関する一次史料がこれまで無視されてきた背景になっている。

よって、従来のこうした悪弊から脱却して、関ヶ原合戦について新知見を得るためには、江戸時代の編纂史料（軍記物も含む）の記述を捨象して、新出の一次史料の検討や、既出の一次史料の再検討をおこなう必要がある。本書ではこうした点を踏まえて、一次史料の分析をもとに本当の関ヶ原合戦像を考察していきたい。

（二）軍記物が描く関ヶ原合戦はフィクションである

◈ルーツは江戸時代の軍記物

現在の我々がよく知っている関ヶ原合戦のイメージについては、江戸時代の軍記物によるストーリーの影響を強く受けていることは上述した通りである。江戸時代の軍記物は、当然のことながら勝者（家康）側の視点で記されている。また、現在一般的に使用されている東軍・西軍という呼称も江戸時代の軍記物にそのルーツがある。

よって、現在の我々がよく知っている関ヶ原合戦のイメージは、「神君」である徳川家康に対する「逆徒」である石田三成の戦いであり、戦った両軍については、東軍と西軍という呼称を当然のように思い浮かべる。こうした点に関連して、江戸時代の軍記物や編纂史料における関ヶ原合戦関連の語句の用例について整理しておきたい（表1参照）。

◈東軍・西軍という呼称への疑問

東軍・西軍という呼称が軍記物で使用される初見は、管見では、『石田軍記』（元禄十一年〔一六九八〕成立）であり（表1参照）、関ヶ原合戦の約一〇〇年後である。それまでの軍記物では、単に敵・味方という呼称が使用されている（表1参照）。よって、東西の対立（東軍対西軍）という概念は、関ヶ原合戦当時のものではなく、関ヶ原合戦がおこなわれた一六〇〇年から見て約一〇〇年後につくられたものといえる。関ヶ原合戦から約一〇〇年経過して、合戦の記憶が薄れてきた時代に、この合戦の本質とはかけ離れた東軍・西軍という呼称が登場した、と見なすことができる。

こうした点を勘案して、筆者は、これまでの関ヶ原合戦関係の論考、及び本書においても、従来一般によく使用されてきた東軍・西軍という呼称は使用していない。その理由は、

①従来使用されてきた東軍・西軍という概念が極めてあいまいである。

②東軍・西軍という呼称は関ヶ原合戦当時は使用されていなかった。
③関ヶ原合戦は実際には東国と西国の戦いという構図ではなかった。

などの点によるものであり、東軍・西軍という呼称を安易に使用することが、かえって関ヶ原合戦の本質を理解する妨げになるのではないかと危惧（きぐ）を感じているからである。

◈「逆徒」としての石田三成

石田三成を「逆徒」として記載した初見は、軍記物としては、管見では『武家事紀（ぶけじき）』（延宝元年（一六七三）成立）である（表1参照）。それまでの軍記物では、石田三成に「逆徒」という呼称を使用していない（表1参照）。これは、関ヶ原合戦後、約七〇年経過して幕藩体制が安定化してくる時代になって、石田三成を家康に逆らった謀反人（むほんにん）、反逆者として認定したことを示している。このことは同時に、石田三成の挙兵の正統性を認めず、家康に戦いの正義があり、家康の立場を絶対視することも意味

石田三成像（部分・杉山丕氏蔵）

石田三成の表記	藤堂玄蕃と島新吉の組打ち	大谷吉継が馬上で切腹	小早川秀秋の陣への問鉄砲	家康は9月15日夜、大谷吉継の陣所跡へ宿泊	東軍・西軍などの表記
御敵治部少	×	記載あり	×	×	御敵
御敵治部少、治部少	記載あり	記載あり	×	記載あり	御敵
治部少	記載あり	記載あり	×	記載あり	御敵、身方
石田治部将(ママ)(少ヵ)	×	×	×	×	敵、味方
石田治部	×	×	×	×	敵、味方
治部小(ママ)(少ヵ)	×	記載あり	×	×	敵、味方
石田治部少輔	×	×	×	×	敵、先手之上方衆
石田、石田三成	×	記載あり	×	×	敵軍、味方、敵味方、凶徒
石田治部少輔三成	記載あり	×	×	記載あり	敵・味方、御方、御方の諸軍、敵軍、敵陣
石田三成、逆徒三成、三成、逆徒石田三成	記載あり	記載あり	×	記載あり	逆徒、敵、味方
治部少輔、石田、三成	記載あり	記載あり	記載あり	記載あり	敵味方、敵、西方、東国勢
石田三成、石田治部少輔	×	×	記載あり	記載あり	敵、敵兵、敵方、身方、味方、此方、此方の兵、東兵
石田三成	記載あり	記載あり	記載あり	記載あり	西国方、西国勢、東西両軍、東軍、西軍、味方の諸軍勢、敵軍
三成、石田三成	記載あり	記載あり	×	×	東国方、東方、西国勢、西方
石田三成	記載あり	×	記載あり	△	東西二軍、関東勢、関東方、関東、西方の軍、敵味方
石田三成	×	×	×	△	賊徒、敵
石田三成	×	×	×	×	逆徒、石田方
石田三成	記載あり	×	×	×	東軍、西軍
石田三成、石田治部少輔	記載あり	×	記載あり	記載あり	東軍、西軍、関東勢、敵方、東西の備立、凶徒、逆徒
石田、三成	×	×	記載あり	×	敵味方、味方、味方の諸軍、逆徒、凶徒、上方の勢
	記載あり		記載あり		
石田、治部、治部少	記載あり	×	記載あり	不 明	上方勢、敵、石田方、西方、関東勢、関東方、東方

(注1)『慶長年中卜斎記』は、小山評定について、7月28日にあったとしている。
(注2)『高山公実録』は編年でそれぞれ項目ごとに綱文を立てて各種史料を引用する形式なので、綱文の記載のみに着目した。

表1 江戸時代の軍記物や編纂史料における関ヶ原合戦関連の語句の用例や記載の有無

No	史料名	史料の成立年	成立年の西暦	小山評定	徳川家康の表記
1	『内府公軍記』(栃山家本)	慶長5年以降 慶長12年より前	1600～1607より前	×	内府公、御大将軍
2	『内府公軍記』(大和文華館本)	慶長5年以降 慶長12年より前	1600～1607より前	×	内府公
3	『太田和泉守記 全』(名古屋市蓬左文庫本)	慶長12年	1607	×	家康公
4	『三河物語』	元和8年成立、 寛永2～同3年頃改訂	1622	×	家康
5	『当代記』	元和9年頃	1623頃	×	内府公、内府
6	『慶長年中卜斎記』 ※『太田和泉守記 全』の引用箇所以外の部分	寛永年間頃	1624～1644頃	記載あり(注1)	家康公
7	『藤堂家覚書』	寛永18年	1641	×	権現様
8	『慶長記』(岡山大学附属図書館池田家文庫所蔵)	慶安元年	1648	記載あり	家康公
9	『関原始末記』	明暦2年	1656	記載あり	家康公
10	『武家事紀』	延宝元年	1673	記載あり	源君
11	『関原大條志』(岡山大学附属図書館池田家文庫所蔵)	貞享3年写	1686	記載あり	公
12	『黒田家譜』	元禄元年	1688	記載あり	家康公
13	『石田軍記』	元禄11年	1698	記載あり	公、君
14	『関ヶ原御合戦物語』(大垣市立図書館所蔵)	宝永3年	1706	×	家康公
15	『関原軍記大成』	正徳3年	1713	記載あり	内府公、家康公、神君
16	『武徳編年集成』(大分県立図書館所蔵)	元文5年	1740	記載あり	神君
17	『北藤録』	宝暦9年	1759	×	東照宮
18	『公室年譜略』	安永3年	1774	記載あり	神君
19	『改正三河後風土記』	天保4年	1833	記載あり	神君、内府公
20	『徳川実紀』	天保14年	1843	記載あり	内府、君
21	『高山公実録』(注2)	嘉永年間	1848～1854	記載あり	神君
22	『関原御合戦当日記』	成立年不明	成立年不明	不 明	公、内府、家康公

【凡例】×… 記載がない場合は×で示した。
△… 記載内容として不十分な内容の場合は△で示した。

していた。

しかし、関ヶ原合戦以前の時点で、慶長五年（一六〇〇）七月に石田・毛利連合政権（石田三成、毛利輝元が豊臣秀頼を推戴して公儀として樹立した政権）が成立し、家康が公儀から排除されたという政治状況を考慮すると（拙著『新「関ヶ原合戦」論―定説を覆す史上最大の戦いの真実』）、こうした家康の立場（家康に戦いの正義があった、という点）についての見方は、歴史的事実ではないことがわかる。

◈「神君」としての徳川家康

家康を「神君」として記載した初見は、軍記物としては、管見では『関原軍記大成』（正徳三年（一七一三）成立）である（表1参照）。それまでの軍記物や編纂史料では、家康について、「内府公」（『内府公軍記』、慶長五年以降、同十二年（一六〇七）より前に成立、など）、「家康公」（『関原始末記』、明暦二年（一六五六）成立、など）、「源君」（『武家事紀』、延宝元年（一六七三）成立）などと記載されていた（表1参照）。『関原軍記大成』が成立した正徳三年（一七一三）は関ヶ原合戦からすでに約一一〇年が経過している。
家康を「神君」と呼称することについて、曽根原理氏は、①五代将軍徳川綱吉の時代に、徳川将軍家として初めての公的な家史『武徳大成記』が作成され、その中で家康は「大神君」

徳川家康像（部分・堺市博物館蔵）

と記載された、②「神君」の「神」とは東照権現という神であり、「君」とは通常天子を指し、家康を天皇と同格以上と見なしていたことが呼称から窺える、と指摘している（曽根原理『神君家康の誕生―東照宮と権現様』）。

『武徳大成記』は貞享三年（一六八六）の成立であるから、貞享期から家康を「神君」と呼称することが幕府中枢においておこなわれるようになったと考えられる。こうした影響を受けて、『武徳大成記』の成立から約三〇年後に成立した『関原軍記大成』においても「神君」の呼称が使用されたのであろう。

家康が「神君」に祭り上げられたことは、家康をさらに絶対視する趨勢を加速させたと思われ、「神君」である家康と「逆徒」である石田三成の対立として、勧善懲悪の構図を確定させるものとなった。このことから不幸にも、石田三成は完全な悪役扱いをされることになったのである。

家康を「神君」と呼称することは、その後の江戸時代中期～後期の編纂史料である『武徳編年集成』（元文五年〔一七四〇〕成立）、『公室年譜略』（安永三年〔一七七四〕成立）、『改正三河後風土記』（天保四年〔一八三三〕成立）、『高山公実録』綱文（嘉永年間〔一八四八～一八五四〕成立）にも見られるので（表1参照）、その後も「神君」である家康に対して石田三成を悪役とする扱いは続くことになった。

◈三国黒という名馬に変身

関ヶ原合戦に関する江戸時代の軍記物における記載量は時代が下ると量的に増える傾向がある。上述のように、『関原始末記』（明暦二年〔一六五六〕成立）と『関原軍記大成』（正徳三年〔一七一三〕成立）を比較すると、『関原軍記大成』のほうが記載量が大幅に増えている。このことは、歴史的事実とはかけ離れたつくり話がどんどん追加されていったことを意味するが、話の内容に尾ひれがついていったケースもある。

例えば、『慶長年中卜斎記』（寛永年間〔一六二四～一六四四〕頃に成立、『太田和泉守記 全』からの引用箇所以外の部分）には、本多忠勝の馬に鉄砲があたり、忠勝は馬から降りて石に腰をかけていたが、井伊家家臣の木俣清左衛門は馬を貸さなかった、という話が載っている。単に本多忠勝の馬に鉄砲があたり、その後、馬を貸してもらえなかったという、それだけの話である。これが、『関ケ原御合戦物語』（宝永三年〔一七〇六〕成立）では、本多忠勝が徳川秀忠から賜った三国黒という丈九寸の名馬に乗って真っ先に駆けて下知（指図、命令）をしていたところ、島津の備えより撃った鉄砲がその三国黒に当たって、馬を離したのを家人の梶金平が駆け寄り、自分の馬を忠勝に譲った、という話になっている。つまり、「馬」→「徳川秀忠から賜った三国黒という長さ九寸ある名馬」、「馬に鉄砲があたった」→「島津の備えより撃った鉄砲が三国黒という名馬に当たった」、というように創作が付加されて話が大げさになったことがわかる。

◈家康が九月十五日夜に宿泊した場所はどこか

このほか軍記物における虚偽記載の事例として、家康が九月十五日夜に宿泊した場所に関する問題がある。家康が九月十五日の夜に大谷吉継の陣跡の小屋に泊まったとする話は現在通説化しており(参謀本部編纂『日本戦史 関原役(本編)』など)、『関原始末記』、『石田軍記』など、そのように記している軍記物も多いが、この話も信憑性に疑問がある。

一次史料としては、「(慶長五年)九月十五日付伊達政宗宛徳川家康書状」(『徳川家康文書の研究』中巻)、「(慶長五年)九月十五日付石川家成宛徳川家康書状写」(『岐阜県史』史料編、古代・中世四)では、関ヶ原合戦のあと、今日(九月十五日)佐和山まで(家康が)着馬した、と家康自身が書状に記している。このことを考慮すると、家康が九月十五日の夜に大谷吉継の陣跡の小屋に泊まったとする話は事実ではなく、軍記物による創作であると考えられる。

【凡例】
A群……江戸時代初期～前期の関ヶ原合戦に関する軍記物（編纂史料も含む）
B群……江戸時代中期～後期の関ヶ原合戦に関する軍記物（編纂史料も含む）
C群……江戸時代前期～中期の関ヶ原合戦に関する軍記物

※記載内容のすべての項目について明確に区分できないケースもあるが、分類は大体このようになる。
※史料群をA群とB群に分類し、A群あるいはB群と共通する史料群をC群とした。

（注）奥平藤兵衛（貞治）が家康からの目付として小早川秀秋の陣に遣わされ、その後、大谷吉継隊との戦いにおいて討死した、という話を収録しているのは、管見によれば、関ヶ原合戦に関する軍記物の中では『関原軍記大成』だけである。よって、この話は『関原軍紀大成』による独自の創作話であると考えられる。

図1　関ヶ原合戦に関する軍記物の分類

こうした話が創作された背景としては、家康が敗者の陣跡に泊まったとして、家康が勝者であることを印象付けるために架空のエピソードが創作された、と推測できる。

◆軍記物の分類

このように関ヶ原合戦に関する軍記物の記載は、歴史的事実ではない創作された話がいろいろと入った小説と見るべきであるが、軍記物の主要なもの（その他の編纂史料も含む）について、収載された話の共通項から分類すると、A群としての史料群（江戸時代初期～前期の軍記物）、B群としての史料群（江戸時代中期～後期の軍記物）、A群あるいはB群と共通するC群としての史料群（江戸時代前期～中期の軍記物）というようになる（図1参照）。

例えば、大谷吉継が馬上で切腹したという話は、現実にそのようなことは考えがたいので、これもドラマチックな演出をねらって創作された架空の話と考えられるが、この話は『太田和泉守記 全』、『武家事紀』、『石田軍記』、『関ヶ原御合戦物語』にしか見られないので、これらをA群として一つの史料群にくくることができる。このうち、『石田軍記』、『関ヶ原御合戦物語』は、その他の項目でB群の史料群とも共通項目があるので、C群の史料群に入る。その一方で、石田三成などの敵軍が大垣城を出たことを久世助兵衛（領家村の処士）、祖父江法斎（福島正則家臣）が知らせたという話は『関原軍記大成』、『改正三河後風土記』に共通するのでこれらをB群として一つの史料群にくくることができる。ただし、藤堂玄蕃と島新吉の組み討ちの話のようにA群、B群、C群のいずれにも出てくる話もある。

◆「関ヶ原合戦」という名称は正しいのか

関ヶ原合戦という名称について付言しておくと、現在では関ヶ原という地名が広く知られているが、慶長五年（一六〇〇）九月十五日とその直近の時点では、山中（やまなか）（現岐阜県不破郡関ヶ原町山中）という地名が関係書状には記載されている。例えば、「（慶長五年）九月十五日付伊達政宗宛徳川家康書状」（『徳川家康文書の研究』中巻）では、「今日十五日の午の刻、濃州の山中において一戦に及んだ」（傍線筆者）と報じている。そのほか「（慶長五年）九月十九日付松沢喜右衛門尉他二名宛保科正光書状写」（『新編信濃史料叢書』二巻）でも、「去る十五日、美濃の内の山中という所にて御合戦を遂げた」（傍線筆者）としている。「吉川広家自筆書状案（慶長五年九月十七日）」（『大日本古文書』―吉川家文書之二）は、九月十五日の合戦の状況を報じた内容であるが、関ヶ原という地名は全く記されておらず、「山中」という地名が頻出し、「山中合戦」、「山中之合戦」と記されている。そして、この「吉川広家自筆書状案（慶長五年九月十七日）」には「人数を二手に分けて、一手は山中へ押し入り」（傍線筆者）と記されている。

このように、「吉川広家自筆書状案（慶長五年九月十七日）」において、関ヶ原合戦が「山中合戦」、「山中之合戦」と記された理由は、石田三成方の諸将が美濃の「山中」という場所に布陣し（「（慶長五年）九月晦日付留守政景他五名宛伊達政宗書状」、『仙台市史』資料編一一、伊達政宗文書二）、そこに家康方の諸将が攻めかかったので、当初（九月十五日とその直近の時点）は「山中」（美濃国内の地名）で合戦をおこなったと記され、「山中合戦」、「山中之合戦」と記されたのであろう。

ちなみに、九月十五日以降において、「関ヶ原」という地名の初出は、「（慶長五年）九月十七日付松平家乗（いえのり）宛石川康通（やすみち）・彦坂元正（ひこさかもとまさ）連署状写」（『新修福岡市史』資料編、中世一）であり、「十五日巳の刻、関か原へ出陣して一戦に及んだ」（傍線筆者）と記されている。

現在では関ヶ原合戦という名称が当然のように使われているが、右記の「山中合戦」という名称は、本来の主戦場が関ヶ原ではなく山中（石田三成方の諸将が布陣した場所）であったということを示している。つまり、主戦場は関ヶ原よりももっと西寄りの山中という地名の場所であったのであり、このことは開戦当初から石田三成方の諸将が防戦にまわっていた（石田三成方の諸将が関ヶ原に打って出たのではなく、石田三成方の諸将が布陣した山中という地名の場所へ、家康方諸将が一方的に攻め込んだ）ことを意味した。よって、右記の「山中合戦」という名称は、この合戦の本質をよくあらわしているという点で注目される。

そして、石田三成方の諸将が関ヶ原に打って出たのではなく、石田三成方の諸将が布陣した山中という場所へ、家康方諸将が一方的に攻め込んだという点は、上述した『当代記』に、石田三成方の諸将が関ヶ原に打って出たという記載がない点、また、石田三成方の諸将が布陣しようとしていたところを小早川秀秋が裏切ったので敗北したという点とよく符合する。

（三）徳川史観に立った「関ヶ原戦陣図屏風」の世界

◈福岡市博物館所蔵「関ヶ原戦陣図屏風」

二〇一二年七月十八日～八月十九日の期間限定で、福岡市博物館の黒田記念室にて、同博物館所蔵「関ヶ原戦陣図屏風（右隻）」（口絵参照）が一般公開（黒田記念室名宝展示）されたので、筆者は夏休みを利用して見学に行った。夏休みということもあって、親子連れなどで福岡市博物館の中は結構混んでいたが、多くの見学者が立ち止まってしばらく見入っていたのが、この「関ヶ原戦陣図屏風（右隻）」であった。

同博物館所蔵「関ヶ原戦陣図屏風（右隻）」は、展示解説によると、江戸時代後期（十九世紀）の作であり、大きさは縦七〇・二センチ、横二一九・八センチである。この時展示されたのは、屏風一双のうち、右隻だけであり、この時には左隻は展示されていなかったが、その写真パネルが掲げられていた。

「関ヶ原戦陣図屏風（右隻）」には、徳川家康のほか、家康方の池田輝政、山内一豊、有馬則頼、藤堂高虎、石田三成方の大谷吉継、毛利秀元、安国寺恵瓊、石田三成方から寝返ることになる小早川秀秋、脇坂安治など錚々たる諸将が描かれている。

「関ヶ原戦陣図屏風（左隻）」には、写真パネルによれば、家康方の黒田長政、加藤嘉明、金森長近、細川忠興、織田有楽（うらく）、井伊直政、福島正則と、石田三成、及び、石田三成方の島左近（しまさこん）、島津義弘、小西行長、宇喜多秀家など、こちらも錚々たる諸将が描かれている。

◈描かれた「問鉄砲」のシーン

「関ヶ原戦陣図屏風」は右隻・左隻ともに彩色鮮やかな、まさに黒田家の名宝であることが一目でわかるものであった。今回筆者が見た「関ヶ原戦陣図屏風（右隻）」において、ひときわ目を引いたのが、屏風絵の中ほどやや左側に、家康が派遣したと思われる一団が松尾山に布陣した小早川秀秋の陣に鉄砲を向けて射撃している光景であった。これは、いわゆる「問鉄砲」（家康方への寝返りの態度をはっきりさせなかった小早川秀秋に対して、寝返りを決断させるために、家康が命じて小早川秀秋の陣へ鉄砲を撃たせた、とする話）といわれる有名なシーンである。

描かれているこの光景を細かく観察すると、以下のことがわかる。まず、「問鉄砲」をおこなっている一団の人数は一〇人が描かれている。そのうち、七人は陣笠をつけた鉄砲足軽であり、七人の持った鉄砲すべてが小早川秀秋の陣に向けて火を吹いている（つまり鉄砲から発射している）。残りの三人は馬に乗った騎馬武者であり、三人とも「五」の字が書かれた旗指（はたさし）

物(もの)を背中に付けている。この「五」の字が書かれた旗指物は、黒地に金色で「五」の字が書かれていて、右方の徳川家康隊の中にも家康の前方に同じ「五」の字が書かれた旗指物を付けた騎馬武者が五騎ずつ合計一〇騎描かれている。よって、「問鉄砲」を指揮しているこの三人の騎馬武者は家康が派遣したことを、この屏風絵の中では意味しているのであろう。

本来、「五」の字の旗指物は、徳川家の使番(つかいばん)を意味するので、「五」の字の旗指物を付けたこの三人の騎馬武者は家康から派遣された使番であり、家康の指図として鉄砲足軽に「問鉄砲」を命じ、「問鉄砲」の状況・結果を見届けようとしているように見える。

この一〇人の先には、小早川秀秋の陣の松野主馬(しゅめ)、稲葉佐渡守が描かれている。小早川秀秋の陣の様子はどのように描かれているのかというと、小早川秀秋の陣の軍勢は、「問鉄砲」をおこなった一〇人の方には見向きもせず、前方の大谷吉継の軍勢と鉄砲の撃ち合いをしている。そして、大谷吉継の軍勢は小早川秀秋の陣の軍勢からの鉄砲にあたって、多数の者が倒れている様子が描かれている。さらに、小早川秀秋の陣の軍勢の中には、馬に乗り「五」の字の旗指物を付けて、大谷吉継の軍勢の方を見る奥平藤兵衛(おくだいらとうべえ)(貞治(さだはる))が描かれている。

◈目付としての奥平藤兵衛

奥平藤兵衛も、黒地に金色で「五」の字が書かれた旗指物を付けているので、上述した「問鉄砲」を指揮している三人の騎馬武者と同様に、家康が派遣したことをこの屏風絵の中では意味しているのであろう。通説では、奥平藤兵衛は家康が小早川秀秋の動向を監視するために派遣した目付とされている。

福岡市博物館所蔵「関ヶ原戦陣図屏風」に描かれた、小早川秀秋の陣に向けての「問鉄砲」の光景や、家康から小早川秀秋への目付として派遣された奥平藤兵衛の存在を示す光景は、まさしく徳川史観に立った「関ヶ原戦陣図屏風」の世界であり、関ヶ原合戦の軍記物として有名な『関原軍記大成』（正徳三年〈一七一三〉成立）が描く情景なのであろう。

それでは、この光景は、果たして歴史的事実なのであろうか。もちろん、この屏風絵に描かれた「問鉄砲」の話などが歴史的事実でないとしても、この屏風の美術史的価値がいささかも下がるものではないのだが、歴史学の視点から関ヶ原合戦を考える場合、何が歴史的事実であり、何が歴史的事実でないのか、という史実の確定をおこなう作業が必要になってくる。

この「問鉄砲」の話や、奥平藤兵衛が家康から目付として派遣されて小早川秀秋の陣にいたという話が、歴史的事実として正しいのか否かは本書の第一章を読んでいただければその答えがわかるのであるが、関ヶ原合戦に関連する多くの話にはその真偽がろくに検証もされずに、現在まで一般に広く信じ込まれている話が結構多いのである。その意味では、そうした点について歴史的事実であるのか否かを検証する作業を本書ではおこないたい。

第一章　関ヶ原合戦当日の虚像を剥ぐ

(二)先手勢による白兵戦のすさまじい実態

◆尾張国小折城主生駒利豊の活躍

関ヶ原合戦の実戦の状況については、これまで江戸時代の軍記物の内容を通していろいろと紹介されることが多かったが、本章では軍記物ではなく、実際に戦闘に参戦した生駒利豊(いこまとしとよ)が報告した書状である「極月十三日付坪内定次宛生駒利豊書状」(生駒陸彦・松浦武編『生駒家戦国史料集―尾張時代の織田信長・信雄父子を支えた一家』所収)の内容から関ヶ原合戦の実戦の状況を見ていくことにしたい。

この書状を記した生駒利豊は、尾張国小折(こおり)城主(現愛知県江南市)であり、慶長二年(一五九七)の時点で生駒利豊は一五六〇石、父の家長は三九五石六斗の知行をそれぞれ豊臣秀吉から宛行われていた(前掲『生駒家戦国史料集』)。

生駒利豊の履歴については、①十六歳の時は生駒五郎八と名乗り、父の家長についてはじめて小田原の陣に行った、②帰陣後、蜂須賀家政から名字をもらい、蜂須賀五郎八と名乗り、蜂須賀家政の肝煎で豊臣秀次へ出仕して、天正十九年(一五九一)十月(ママ)(十一月カ)二十八日、諸大夫になり蜂須賀隼人正と名乗った、③豊臣秀次の奥州陣立へも始終供奉して、その後、

（秀次事件により）秀次が高野山へ入山した後、牢人したため、蜂須賀家政が利豊の身上の相談に乗って阿波国へ来るように約束したが、尾張国において親の家長が隠居してその跡職を利豊に譲ったため、名字を生駒に改めて小折村に居住することになった、④豊臣秀吉へ奉公するという先規により、尾張国付であるため、年に一度程ずつ上方へのぼり、普段は在所（尾張国丹羽郡小折）にいた、というものであり（前掲『生駒家戦国史料集』）、尾張国における小領主、つまり尾張衆であったことがわかる。

◈生駒利豊書状作成の経緯

生駒利豊がこの書状を記した経緯については、松浦武氏の研究によれば（前掲『生駒家戦国史料集』）、次のようなものであった。あるとき、井伊直孝・坪内家定・安藤直次・成瀬正成たちが一緒になった。たまたま関ヶ原合戦の話になり、この合戦で福島正則の麾下（きか）に入り、尾張衆として参戦した生駒利豊の活躍に話題が及んだ。生駒利豊（慶長五年〔一六〇〇〕の時点で二十六歳）は普段から自分の手柄話をすることがなかったので、一座の誰もその実態を知らなかったため、後日を期することになったのか、坪内家定の子息の坪内定次が生駒利豊のところへ問い合わせてきた。それに対して、生駒利豊が坪内定次に対して返書を書いたのがこの書状である。この書状の年次については、上述した成瀬正成の没年が寛永二年（一六二五）

であることから、それ以前のものである、と松浦武氏は考察している。

筆者は、この書状の中に「加納之美作殿」という記載があることから、奥平信昌（美作守）が慶長六年（一六〇一）から美濃国加納城主であった点と、奥平信昌の没年が慶長二十年（一六一五）三月である点を勘案すると、この書状は慶長六年から同十九年（一六一四）の間に年次比定できる、と考えている。

なお、生駒家長の女（娘）が坪内家定の妻であり、その子が坪内定次であることから（『新訂寛政重修諸家譜』第一六）、生駒家と坪内家は親戚関係にあったことがわかる。そうした関係で書状のやり取りがあったのであろう。

◈生駒利豊の戦闘報告の内容

関ヶ原合戦（本戦）に参戦し、戦闘の様子を報告した生駒利豊の書状内容を以下に引用して、関ヶ原合戦での実戦の状況について紹介したい（「極月十三日付坪内定次宛生駒利豊書状」、前掲『生駒家戦国史料集』所収、口絵参照）。以下は、筆者が現代語訳をおこなったものであるが、原文の一部の語句の読みについては筆者が訂正した箇所があり、現代語訳もそれに従っている。

（前略）関ヶ原にて、大夫殿（福島正則）の先手の者が（宇喜多秀家隊と）鉄砲を撃ちあった。（その）うしろを津田新十・沢井左衛門尉・森勘解由・兼松修理（正吉）・中村又蔵・林大学・安孫子善十・小坂助六・武藤掃部・同清兵衛・奥平藤兵衛（貞治）・安井将監・稲熊市左衛門・堀田将監・同彦兵衛・寺西甚太郎・吉田平内・青山石見・我等（注1）（生駒利豊）共（筆者注：これらは皆、尾張衆に該当する）が一列に通り、手先（宇喜多秀家隊が見える先頭の位置という意味か？）へ行き、馬から降りた。浮田中納言殿（宇喜多秀家）の先手である敵との間は、五〇〜六〇間（約九〇〜一〇八メートル）もあったであろう。敵方（宇喜多秀家方）の金のきり団扇の指物をさした者が鉄砲大将と見え、山の手へ降り下がり、鉄砲を撃たせて下知をした。そうしたところに、山の尾先（山から下がってきた先端の地）にいた（敵の）人数が半分程、上へ引き上げたので、（敵が）崩れたのかと思い、そこにて馬に乗り、乗り込んだが、（金の）きり団扇（の指物を）さした者が（そう）させてはならない、と思ったのか、いかにも重い様子で道具（武具）なども持たずに、二人に手を引かれて山をあがり退却した。あとには手を引いた者も見えなかった。我等（生駒利豊）は（金の）きり団扇（の指物をさした者）を目がけて（馬で？）乗り込んだ。（金の）きり団扇（の指物をさした者）は、（山の）尾先を半分程もあがっていた。（生駒利豊はその）横合いに山の（ママ）手（山に近いほう）へ（馬で）乗り寄せ、（馬から）飛びおり、走りあがり、（金の）きり団扇（の指物をさした者）を

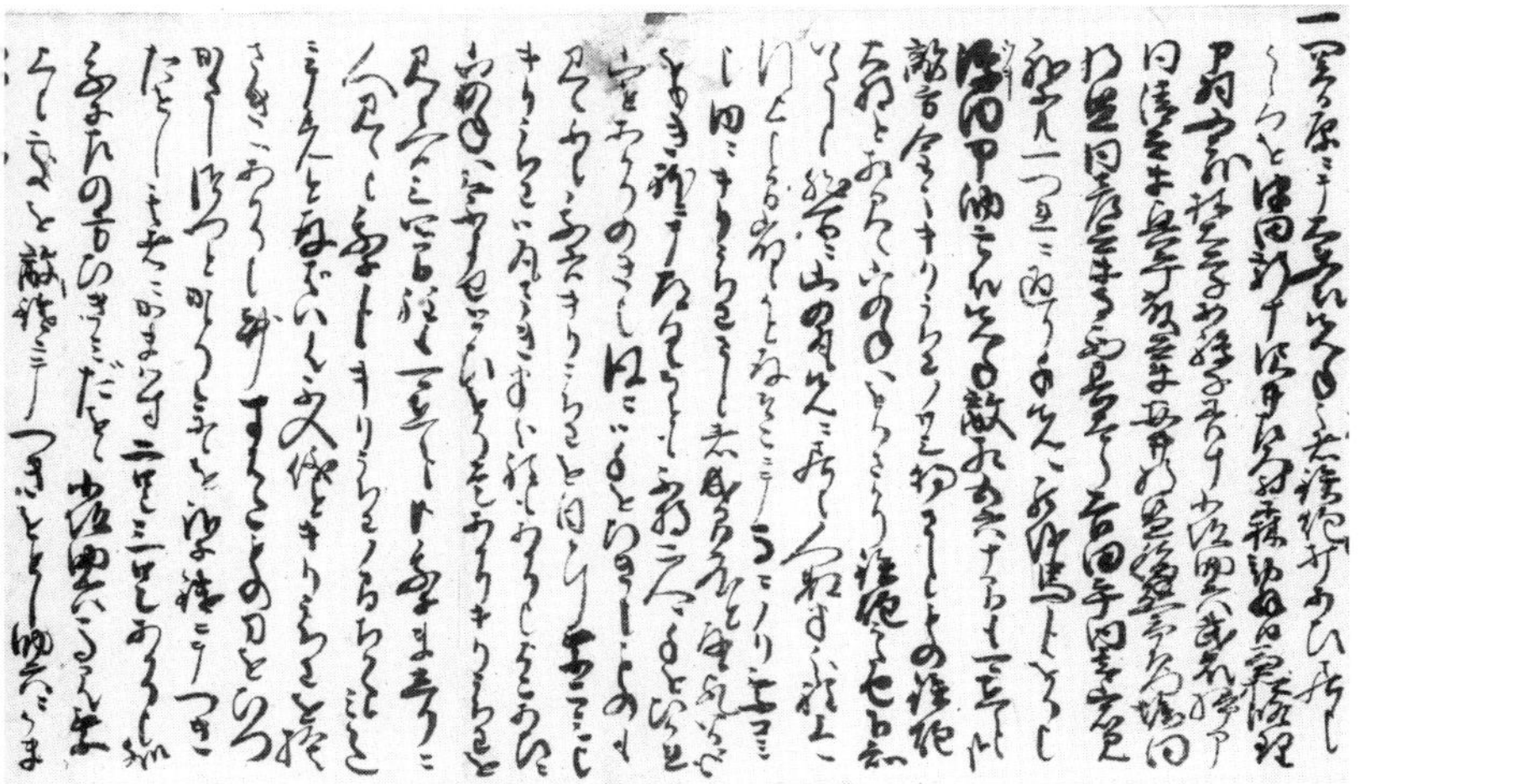

生駒利豊書状（極月十三日付 坪内定次宛・部分・生駒陸彦氏蔵）
〔書状の全文については口絵参照〕

見ると、（その間は）三、四間ほど（約三・六〜五・四メートル）もあったであろう。我等（生駒利豊）のまわりに人が見えた。我等（生駒利豊）より（金の）きり団扇（の指物をさした者）の間は近かった。（我等〔生駒利豊〕のまわりにいる者は）味方であろうと思い、（その味方が金のきり団扇の指物をさした者と戦うと思ったので、金のきり団扇の指物をさした者に）構うことは必要ないことと（思い）、（金の）きり団扇（の指物をさした者）を（見）捨てて、先へあがった時、すはだもの（素肌者。甲冑（かっちゅう）をつけないで戦場に出る武者）が刀をひっかざして、さっと（斬り）かかってきたのを、我等（生駒利豊）の鑓（やり）にて突き倒し、その者にかまわず、二足・三足あがったところ、

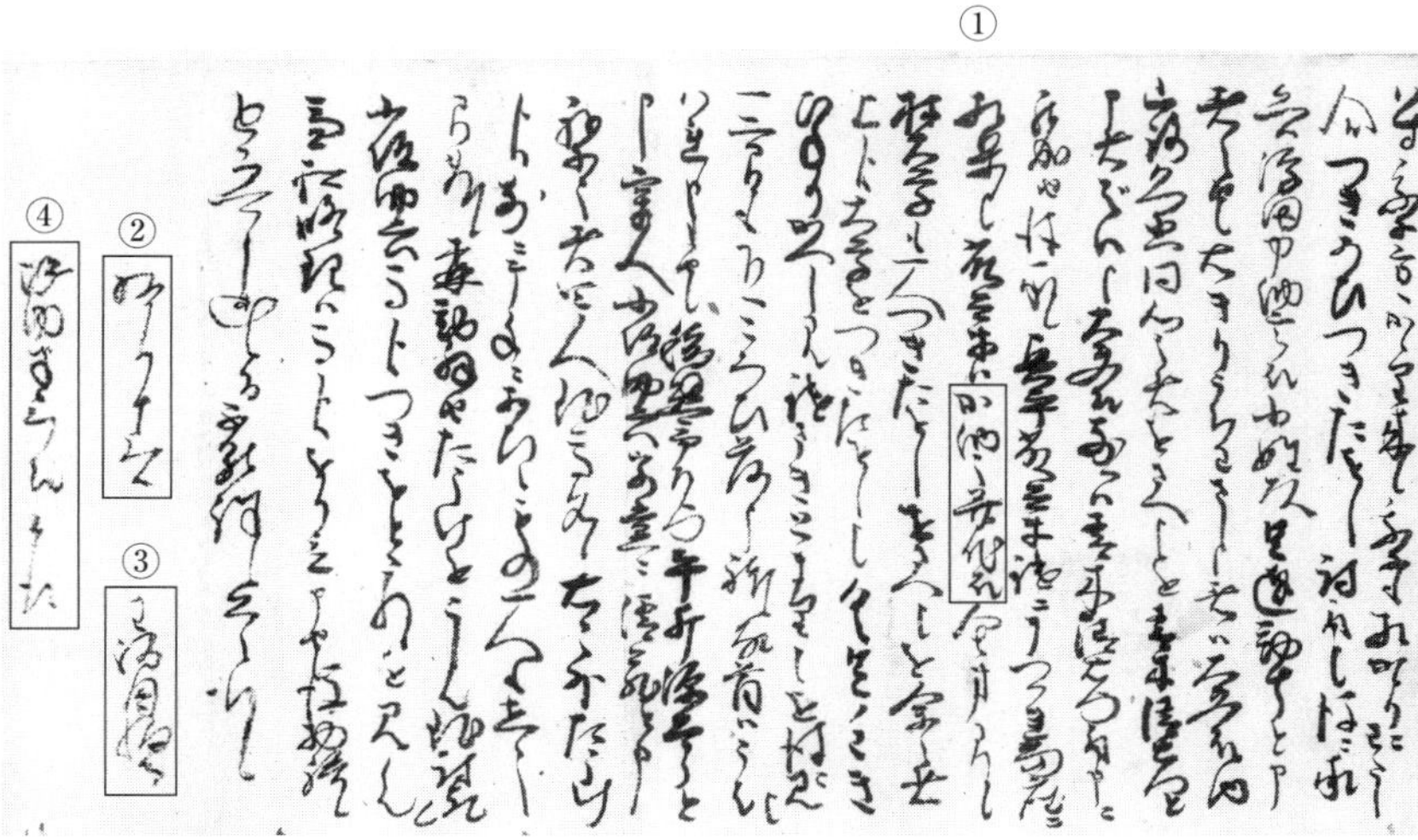

①「加納之美作殿」　②「極月十三日」
③「生駒因幡守（利豊）」　④「坪内半三郎（定次）殿」

我等（生駒利豊）の左の方の低いゆるやかな斜面を（ママ）、小坂助六が馬にて乗り上げたところを、敵が鑓にて突き落とし、（小坂）助六にかまわず我等（生駒利豊）の方へかかってきた。我等（生駒利豊）も（敵に）かかっていき、渡り合い（応戦して）、（敵と鑓で）突き合って（敵を）突き倒し、討ち取った。後に聞いたところでは、（この討ち取った敵は）浮田中納言殿（宇喜多秀家）の小姓頭・足達勘十郎と言う者、とのことであった。右の（金の）きり団扇（の指物を）さした者は、大夫殿（福島正則）内の山路久忠の同心の者が（金のきり団扇の指物をさした者を）押さえたのを、青木清右衛門と言う者をかばい、大夫殿（福島正則）の前へは青木清右衛門が（討ち）取ったと（いうことに）なったということを後に聞いた。奥平藤兵衛（貞治）は鑓にて（敵に）突かれて当座（その場）に果てた（死んだ）。（奥平）藤兵衛（貞治）は加納（城主）の美作（守）殿（奥平信昌）の舎弟である（ママ）（注2）。林大学も（敵の）一人を突き倒して押さえたのを、他の（敵の）者が上より（林）大学を突き倒した。（林大学の）具足の脇のひねりかえしにて（敵からの）鑓先がとまったのを、（生駒利豊は）うしろに見た。（林大学は）一、二間（約一・八～三・六メートル）も下へころび落ちた様子なので、（討ち取った敵の）首は（敵に？ または、味方に？）奪われた、ということである。稲熊市左衛門・平井源太郎と言う牢人・小坂助六・若党の清蔵と言う我等（生駒利豊）の者、（この）四人が高名をなした。右のほか、峠より前にて手に負う（負傷した）者は一人もいなかったはずである。森勘解由は峠を越して（から）討死した。小坂助六が（敵の鑓によって）馬より突き落とされたのを見て（筆者注：右記の小坂助六に関する記載を参照）、兼松修理（正吉）は馬より降り立った、ということを（兼松修理が）後に話した。追って（さらに）申し述べる予定なので（ここでは）詳しくは（述べ）ない。恐々謹言。

生駒因幡守

極月十三日

坪内半三郎殿

貴報

（注1）「我等」とは、この場合、一人称単数（私）の意味で使用している。

（注2）この書状では、奥平藤兵衛（貞治）について、美濃加納城主の奥平信昌（美作守）の舎弟としているが、実際には奥平藤兵衛は、奥平信昌の父である奥平貞能の舎弟とするのが正しい。

以上の生駒利豊による戦闘の報告は、生駒利豊自身が実際に戦闘に参加しただけに、経験した者だけが書くことができる緊迫したリアルな雰囲気がよく伝わってくる。戦闘の内容が具体的で詳しいことも特徴である。

露月公関ヶ原陣功名鑓　穂長13.5cm
（生駒陸彦氏蔵・徳島城博物館写真提供）
生駒利豊が関ヶ原合戦で使ったと伝わる鑓の穂先。穂先の欠けは実戦の激しさを想像させる。「露月公」とは利豊のこと。「生駒因幡守利豊於関ヶ原陣足立氏」と銘が刻まれている。

◈すさまじい白兵戦の実態

右記の内容について論点を整理すると、以下のようになる。

- 関ヶ原合戦は、福島隊と宇喜多隊の鉄砲の撃ち合いで始まった。それから白兵戦になった。

  ※白兵戦とは「刀・剣・槍などの白兵を手にして行う戦い。至近距離での戦闘」(『大辞泉』)である。

- 白兵戦では鑓や刀を使用した。使用方法は、刀では斬りかかり、鑓は突いた。
- 小坂助六は敵の鑓で馬から突き落とされた。それを見て、兼松修理は馬から降りた。この場合、敵に鑓で馬から突き落とされるのを警戒して下馬したことがわかる。そして、戦場でも馬に乗って戦っていたこと、戦いの時に馬に乗っていると敵に鑓で突き落とされるので危険であったことがわかる。
- 生駒利豊と同じ尾張衆(小坂助六、兼松修理など)は固まって戦っていたことがわかる。
- 尾張衆は固まって一列で行軍し、手先へ行って下馬している。これは宇喜多隊と白兵戦をおこなうための準備と考えることもできる。
- 尾張衆は福島隊の中にいた、あるいは、福島隊のうしろにいて戦ったことがわかる。
- この場合の戦いの構図は「福島隊+尾張衆」対「宇喜多隊」であったことがわかる。

●奥平藤兵衛（貞治）は通説では家康から小早川秀秋隊に付けられた目付として戦い戦死したことになっているが、生駒利豊書状の記載によれば尾張衆の中の一人として戦い、鑓にて敵（宇喜多隊と思われる）に突かれて即死したことがわかる（奥平藤兵衛がどこで戦死したのか、という問題については本章において後述する）。

●金のきり団扇の指物をさした者が、敵（宇喜多隊）の鉄砲大将であった。このように、戦いでは鉄砲大将クラスは指物を実際にさしていたことがわかる。

●「刀」対「鑓」の戦いがあった（素肌者と生駒利豊の戦いのケース）。

●「鑓」対「鑓」の戦いがあった（小坂助六を鑓で馬から突き落とした敵と生駒利豊が鑓で突き合い、敵を突き倒したケース）。

●鑓の使用例が多いことがわかる。

（1）刀で斬りかかってきた敵（素肌者）を生駒利豊が鑓で突き倒したケース。

（2）馬に乗っていた小坂助六を敵が鑓で突き落としたケース。

（3）その敵と生駒利豊が鑓で突き合い、生駒利豊が敵を突き倒して討ち取ったケース。

（4）奥平藤兵衛（貞治）が敵に鑓で突かれて戦死（即死）したケース。

（5）林大学は具足のひねりかえしにて敵の鑓先がとまったケース。

●白兵戦にも馬に乗って行った。

●鉄砲の撃ち合いのあとも尾張衆の面々は馬に乗っていた。
●白兵戦では鉄砲は使用していない。
●白兵戦では、生駒利豊のような一五〇〇石クラスの武士でも実際に鑓で戦った。
●鉄砲の撃ち合いのあとは、すぐに白兵戦に移行したことがよくわかる。
●生駒利豊は馬から降りたり、乗ったりしているが、戦う時は馬から降りている。馬は敵の方へ乗り寄せる時、乗り込む時に使用している（敵との間にある程度距離があったからか？）。
●甲冑をつけないで戦場に出る武者（素肌者）が戦場に実際にいたことがわかる。これは甲冑の用意ができなかった牢人であろうか。このケースを見ると、戦場には甲冑をつけた者ばかりでなかったことがわかる。
●宇喜多隊には鉄砲大将という役職の者がいたことがわかる。鉄砲大将は鉄砲を撃たせて下知をしたので、そうした鉄砲大将の役割がわかる。
●福島隊と尾張衆は一緒に戦ったことがわかる。その証左として、宇喜多隊の鉄砲大将（金のきり団扇の指物をさした者）は、福島正則家臣の山路久忠の同心の者が押さえた。この宇喜多隊の鉄砲大将の近くまで生駒利豊は接近していた。
●生駒利豊はこの書状で「きりうちわ」と度々書いているので、金のきり団扇の指物はよほど戦場で目立って見えたのであろう。このことは、戦場における指物の視覚的効果を考えるうえで興味深い。

●通説では、戦国時代後期の合戦は「①鉄砲の撃ち合い」、「②弓矢の飛ばし合い」、「③長柄槍の使用」、「④白兵戦（大乱戦）」、「⑤追撃戦」という順番とされているが（福田誠「詳解・戦国八陣」）、生駒利豊の書状内容を見ると「①鉄砲の撃ち合い」からいきなり「④白兵戦（大乱戦）」になっている。よって「②弓矢の飛ばし合い」はなく、「③長柄槍の使用」もなかったことになる。この場合の「③長柄槍の使用」とは、長柄槍でのたたき合い（河合秀郎「戦国合戦次第」）を意味する。

●生駒利豊の書状内容を見ると、鉄砲戦における敵・味方の間の距離は五〇～六〇間（約九〇～一〇八メートル）である。通説では、鉄砲戦における敵・味方の間の距離は二～三町（約二一八～三二七メートル）と指摘されているので（河合秀郎「戦国合戦次第」、同「戦国鉄砲隊、前へ！」）、通説の距離よりも実際にはもっと近いものであり、通説の距離の半分から三分の一くらいであったことがわかる。

●最初におこなわれた福島隊と宇喜多隊の鉄砲の撃ち合いでは、敵を殺傷したという記載はない。よって、①当時の火縄銃は命中精度も威力も現在より遥かに低かった、②当時の足軽鉄砲の射撃術は個人に対するものではなく、敵の集団に対するものである（現在の我々がイメージする命中精度とは概念が異なる）、③戦闘射撃は必ずしも相手（敵）を殺傷する必要がなく、当時の戦闘は白兵戦で決着が付いた、④銃の役割は、敵の戦闘行動を困難にさせる射撃、つまり、制圧射撃（近接戦闘に有利な密集隊形をとる敵の陣形を乱すことが目標）であった、という樋口隆晴氏の指摘（樋口隆晴「戦国時代のコンバット・シューティング」）を裏付けるものになっている。

●牢人（平井源太郎）も参戦して高名をなしたことがわかる。

●生駒利豊は馬に乗ったり、馬から飛びおりたり、走りあがったり、というように関ヶ原の戦場で本当によく動いている。そして、敵への接近には馬を使用して敵の近くに近付いた（乗り寄せた）ことがわかる。

●討ち取った首は（敵に？　または、味方に？）奪われることがあった（林大学のケース）。

●戦場で使用した武器として鉄砲、刀、鑓の使用は記載があるが、弓矢の使用については全く記載がない。

以上のように、生駒利豊の書状内容からは、関ヶ原合戦における戦闘の現場の状況について、多くの具体的な事例を知ることができる。特に注目されるのは、近接戦ではすさまじい白兵戦になり、生駒利豊自身が実戦に参加して体験を記した書状であることから、非常にリアルな戦闘描写により白兵戦の具体像が明瞭に理解できる点である。

◈生駒利豊の戦闘行動

生駒利豊の具体的な戦闘行動を以下にまとめてみよう。

①宇喜多隊の鉄砲大将（金のきり団扇の指物をさした者）を発見して馬で追跡して馬から飛び降りて近付いた。
②しかし、（生駒利豊の）味方がまわりにいたので、そちらに宇喜多隊の鉄砲大将と戦うことをまかせて先へあがった。
③その時、素肌者が刀をひっかざして斬りかかってきたので鑓で突き倒した。
④生駒利豊の左の方に小坂助六が馬にて乗り上げたのを敵が鑓で突き落として、次に生駒利豊にかかってきた。
⑤そこで生駒利豊は応戦して敵と鑓で突きあったのち、敵を突き倒して討ち取った。
⑥その時に討ち取った敵は、宇喜多秀家の小姓頭の足達勘十郎ということがあとでわかった。

このように、生駒利豊は一貫して鑓を使用して敵と戦っている。

生駒利豊の名前は、江戸時代の軍記物には出てこないが、戦闘の具体像については、軍記物のような二次史料（後世の編纂史料）ではなく、こうした一次史料（同時代史料）からの分析こそが重要であることはいうまでもない。

◆戦いの進行状況

生駒利豊の書状内容をもとに、戦いの進行状況について時系列に整理すると次のようになる。

①鉄砲の撃ち合い（「福島隊」対「宇喜多隊」）で戦闘が開始された。
②尾張衆が一列となって馬で手先まで行き、手先で下馬した。
③宇喜多隊の先手との間は五〇～六〇間（約九〇～一〇八メートル）であった。
④敵方（宇喜多方）の鉄砲大将（金のきり団扇の指物をさした者）が山の手へ降りて鉄砲を撃たせて下知をした。
⑤宇喜多隊の人数が半分ほど上へ引き上げた。これを見て生駒利豊は宇喜多隊が崩れたのか、と思った。
⑥そこで、生駒利豊は馬に乗って乗り込んだ。
⑦宇喜多隊の鉄砲大将が退却した。
⑧生駒利豊は宇喜多隊の鉄砲大将を目がけて、その横合いに馬で乗り寄せ、馬から飛びおり

て走り上がった。宇喜多隊の鉄砲大将との距離は三〜四間程（約三・六〜五・四メートル）であった。

⑨生駒利豊と宇喜多隊の鉄砲大将の距離は近かったが、宇喜多隊の鉄砲大将と戦うことはまわりにいた味方にまかせて、先へあがった。

⑩生駒利豊が先へあがった時、素肌者（甲冑をつけないで戦場に出る武者）が刀をひっかざして、さっと斬りかかってきた。それを生駒利豊は鑓で突き倒した。この場合「刀」対「鑓」の戦いのケースであり、鑓を使用して利豊は勝利している。

⑪生駒利豊は鑓で突き倒した素肌者には構わず、二足・三足あがった。その時、生駒利豊の左の方に小坂助六が馬で乗り上げたところを敵が鑓で小坂助六を突き落とした。

⑫その敵は、鑓で突き落とした小坂助六には構わず、生駒利豊にかかってきた。そして、生駒利豊はその敵に応戦して、鑓で突き倒して討ち取った。この場合、「鑓」対「鑓」の戦いのケースであり、利豊は勝利している。この討ち取った者は宇喜多秀家の小姓頭の足達勘十郎という者であった。

⑬小坂助六が敵の鑓によって馬より突き落とされたのを見て、兼松修理は馬より降り立った。

⑭宇喜多隊の鉄砲大将は、福島正則家臣の山路久忠の同心の者が押さえたが、福島正則の前では青木清右衛門が討ち取ったということになった。

⑮奥平藤兵衛（貞治）は鑓にて敵に突かれて即死した。
⑯林大学は敵の一人を突き倒して押さえたが、他の敵の者がその上より林大学を突き倒した。林大学は一、二間（約一・八～三・六メートル）も下へころび落ちて、林大学が討ち取った敵の首は、敵または味方に奪われた。
⑰稲熊市左衛門・平井源太郎（牢人）・小坂助六・若党の清蔵という我等（生駒利豊）の者、この四人が高名をなした。

以上①～⑰のように、戦いの進行状況を時系列で整理すると、戦いの当初における両軍の鉄砲隊の撃ち合いのあとは、すさまじい白兵戦（大乱戦）が展開したことがわかる。

◈戦国時代は遠戦主義の時代なのか

上述したように、実際に戦闘に参戦した生駒利豊の書状には、関ヶ原合戦における実戦の状況について非常にリアルに記述されており、戦闘の経過、使用された武器、具体的な戦闘シーンなどを明らかにすることができる。特に白兵戦の実態が明確になったことの意義は大きく、すさまじい白兵戦がおこなわれたということは注目される。

鈴木眞哉氏は、「戦国時代もまた白兵主義時代などといえるものではなく、遠戦志向のきわめて濃厚な時代だったのである」と指摘し、白兵戦の状況について「両軍がその気になって、正々堂々の〝肉薄格闘〟戦を展開するなどということが、そうそうあるはずもない」、「この時代に行われていた白兵戦の多くは、戦闘目的を果たすには必ずしも必要のないこうした首取り目的のものであったり、首取りのための行為が白兵戦らしく見えたりしただけのものであったはずである」と述べている（鈴木眞哉『謎とき日本合戦史―日本人はどう戦ってきたか』）。

しかし、上述した生駒利豊の書状に記載された白兵戦の実態は、あくまで正面からぶつかった両軍の戦闘行動としてのすさまじい白兵戦であり、鈴木氏が「そうそうあるはずもない」とした「正々堂々の〝肉薄格闘〟戦」であったことがわかる。よって、戦国時代は遠戦主義の時代であったのかどうかという点を今後具体的に検証していくうえで、一次史料による一つの判断材料になるであろう。

（二）細川忠隆の軍勢の「首注文」

◈細川家で討ち取った敵の首数

関ヶ原合戦において家康方であった細川忠隆（ただたか）（細川忠興の長男〔嫡子〕）の軍勢の「首注文」

(敵方の首を討ち取った細川家の家臣名と首数などを記したもの)に関する史料(『綿考輯録』二巻)を見ると、細川家の軍勢の陣形を形成した「備え」(細川家家臣によって編成されたそれぞれの戦闘ユニット)の編成と、討ち取った敵の首の数がわかる。この「首注文」に関する史料の内容をまとめたものが表2である。表2を見るとわかるように、細川家で討ち取った敵の首数の合計は一三六とされ(ただし、実際に計算すると合計は一三五になる)、細川家中のそれぞれの「備え」で討ち取った首数の小計も記されている。ただし、この数には、切り捨てや生け捕りの数も含まれている。このように討ち取った敵方の首数の合計が一三六であったことは、すさまじい白兵戦が展開されたことを示している。

表2で、細川家中におけるそれぞれの「備え」の小計を見ると、討ち取った敵の首数が最も多いのは、細川興元(細川忠興の弟)の「備え」であり(首数三一、生け捕り五人)、最も少ないのは鉄砲衆の「備え」である(首数三)。こうした違いは、それぞれの「備え」を構成した人数の多寡が関係するのかもしれない。討ち取った敵の首数は鉄砲衆が最も少なかったが、このことは、鉄砲衆は射撃専門の兵種(兵科)部隊であり、白兵戦で敵を狙撃した上で首を取ったケースが少なかったということなのかもしれない。切り捨てと生け捕りのケースを除くと、各人が討ち取った首数は一ないし二であり、それ以上の首数を討ち取ったケースはなかったことがわかる。これは合戦そのものが一日で終ったことと関係するのかもしれない。なお、

表2　関ヶ原合戦における細川忠隆の軍勢の「首注文」[注1]（『綿考輯録』2巻より[注2]）

細川家家臣の名前	討ち取った首数	備　考
①「備え」の名称不明		
加々山庄右衛門	二	朝（の）合戦に一つ、後に一つ（の首を討ち取った）
入江右近	一	加々山庄右衛門が見届けた
牧長三郎	一	加々山庄右衛門が見届けた
森新十郎	一	与一郎様（細川忠隆）が見届けられた
杉原三平	一	高股（たかもも）（ももの上の方）に手を負う
同　下人	一	
加々山忠助	一	
加々山半左衛門	一	一に半右衛門
一宮彦三郎	一	与一郎様（細川忠隆[注3]）の御供（の）切り捨ての所にも出る
喜多与六郎	一	膝の皿を割られて片方の足が不自由となる。一に切り捨てとある
矢野采女	二	一に切り捨てとある
津田夕雨	一	俗名は孫右衛門
同　下人	一	
新五内　久右衛門	一	
新五内　又三郎	一	
竹田半三郎	一	
以上（小計）	一八	

細川家家臣の名前	討ち取った首数	備考
②歩御小姓衆		
今村八右衛門	一	
山本十介	一	一に山中
大槻才次	二	後に才兵衛
吉川平八	一	
藤本勘十郎	一	
大安与吉	一	
島三十郎	一	金森半助が見届けた
以上（小計）	八	
③三十人衆		
樽井鶴介	二	
能勢喜三郎	一	能勢喜兵衛のことか
荒見仁右衛門	一	
以上（小計）	四	
④鉄炮衆		
新兵衛内　小吉	一	
矢野六内 庄村五郎右衛門	一	切り捨て
野村作右衛門	一	切り捨て
以上（小計）	三	
⑤与一郎様（細川忠隆）衆		
魚住与助	一	

的場甚四郎	一	
毛利忠三郎	一	与一郎様（細川忠隆）の指物を受け取った者である
柳田久四郎	一（イ二）	与一郎様（細川忠隆）に付いて太刀が折れて高名をなした
清水市右衛門	一	
岩崎三左衛門	一	
水嶋平五郎	一	切り捨て
以上（小計）	八（ママ）（七カ）	
⑥与一郎様（細川忠隆）（の）御供をして切り捨て（をした衆）		
篠山与四郎	二	このうち（切り捨てた二人のうち）、一人は馬乗り
岡村平右衛門	二	右に同じ（「このうち、一人は馬乗り」を指す）
荒木左助	三	右に同じ（「このうち、一人は馬乗り」を指す）
白杉少助	三	このうち一つは松井長助が見届けた
一宮彦三郎	一	
山本左兵衛	二	
松井新七郎	一	
中路少五郎	一	一に和田
以上（小計）	一五	
⑦玄蕃殿（細川興元）（注4）衆		
与五郎様（細川興秋）（注5）	一	
市村半右衛門	二	玄蕃殿（細川興元）の家老役
工上三大夫	一	玄蕃殿（細川興元）の家老役
中村源助	二	一に中杉
田伏八右衛門	二	

細川家家臣の名前	討ち取った首数	備考
窪田善助	一	加々野井にて討死した友岡山三郎の弟である
三宅兵吉	一	一に長吉
野村十之允	一	一に二つ
明石市助	一	
横小路勘右衛門	二	一に一つ
藤木平助	一	一に藤本
小寺七助	一	一に小守
并河太郎右衛門	一	
田原久助	一	
林勘八	一	一に杉
灰方勘十郎	一	一に炭方藤十郎
後藤新太郎	一	
杉野大膳助	生け捕り四人	
前田甚兵衛	一	一に勘兵衛
大坂又四郎	生け捕り一人 一	一に大塚
北尾勘三郎	一	
新保吉兵衛	一	
孫之允	一	
市村四郎三郎内　中村平三	一	
市村四郎三郎内　福井久右衛門	二	一に吉右衛門とある。また、一つとある
野村十之允内　吉村次兵衛	一	一に二つ
早水甚太郎	一	
以上（小計）	三六	このうち、生け捕り五人

⑧与十郎殿（細川孝之）[注6]内		
多羅尾五助	一	
窪田源兵衛	一	田辺衆
赤塚源助	一	
本島清作	一	一に寺嶋
小原鹿助	一	一に北条
大塚忠助	二	（その）内、一つは切り捨て。一に三つ
中路久六	一	一に二つ
有吉助兵衛	二	一に一つ
平左衛門内　真下太兵衛	一	
小丘（ママ）（兵カ）衛内　中井三助	一	一に中村
久代市右衛門	一	
荒木左助内　五郎兵衛	一	
以上（小計）	一四	
このほか、小原少次郎・中路少五郎両人は与一郎様（細川忠隆）の御供に入った。考えるに、小原少次郎は与一郎様（細川忠隆）の御供のうちに見えない。書き落としか		
⑨有吉与太郎（有吉興道）内		
有吉与太郎	一	
田井助八	一	
馬場孫四郎	一	
吉伝甚助	一	一に吉住、または、吉嶋勘助、吉嶋甚助とも（いう）
中村小八郎	一	
葛西九兵衛	一	
以上（小計）	六	

細川家家臣の名前	討ち取った首数	備考
⑩米田与七郎（米田是季）内		
米田与七郎	一	時に十五歳
塩木左助	二	一に一つ
安威弥三郎	一	一に弥太郎
入江金蔵	一	切り捨て。一に兵蔵
山崎清三	一	切り捨て。一に清蔵
以上（小計）	六	
⑪「備え」の名称不明		
住江小右衛門	二	与一郎様（細川忠隆）によく付き従って見事に働いたので、豊前にて三双倍の御加増にて九〇〇〇石になる。御鉄炮三〇挺を預かる
鯛瀬善助	一	一に二（つ）。一に与一郎様（細川忠隆）が（敵を）切り捨てた時、味方が少し動揺したが、ことのほか働き、手負いをした（傷を負った）、とある。考えるに、島津殿の「退口」にてのことに混じったか
外川平作	一	
篠山与四郎内　坂下三郎	一	
小右衛門番子（ママ）　野原次右衛門	一	一に野村
西郡大炊	二	切り捨て
以上（小計）	八	この一条は口書がない
⑫松井新太郎（松井興長）（注7）内		
松井長助	一	

生田鵜兵衛	一	
中山仁右衛門	一	
中路甚大夫	一	一に切り捨て
粟坂平助	一	鑓疵をこうむる
原久右衛門	一	一に久左衛門
渡辺弥兵衛	一	
井上理兵衛	一	
小森角助	一	
以上（小計）	九	
このほか松井新七郎は与一郎様（細川忠隆）御供のうちにある		
惣合（合計）	一三六（ママ）（一三五ヵ）	
このほか 蒲田久右衛門	一	一に久左衛門、または、九左衛門

（注1）細川護貞監修『綿考輯録』二巻、忠興公（上）（出水神社発行、汲古書院製作・発売、一九八八年、三五九頁）では、細川忠興の軍勢の首注文とするが、内容を検討すると細川忠興の名前はないので、この首注文は細川忠隆の軍勢の首注文であり、細川忠興の軍勢の首注文は別に存在したと考えられる。

（注2）前掲『綿考輯録』二巻、忠興公（上）（三五九～三六五頁）。

（注3）細川忠隆は細川忠興の長男（嫡男）。

（注4）細川興元は細川忠興の弟。

（注5）細川興秋は細川忠興の次男。

（注6）細川孝之は細川忠興の弟。

（注7）松井興長は松井康之の次男。

切り捨ての場合は一人が三人を切り捨てたケースもあり（表2の⑥）、生け捕りの場合は一人が四人を生け捕りにしたケースがある（表2の⑦）。

◈細川家の白兵戦

細川忠隆の御供をして切り捨てをした衆は（表2の⑥）、馬廻（うままわり）として細川忠隆の護衛にあたった「備え」と思われるが、首を討ち取らずにすべて切り捨てとしているのは、敵の首を討ち取っていると細川忠隆の護衛の任務が果たせなかったためであろう。

興味深いのは、首の討ち取りを見届けたケースが四例（表2の①、②。そのうちの一例は細川忠隆が直々に見届けたものである）、切り捨てを見届けたケースが一例（表2の⑥）ある点であり、首の討ち取りや切り捨てには証人が必要であったことを示すものであろう。ただし、見届けたケースがこのように数例しかなかった背景については、今後検討する必要がある。

生け捕りが「首注文」の中に含まれている点について、『綿考輯録』の編者は、生け捕ったのちに殺した分なのか、と所見を記している。

また、鑓疵（やりきず）をこうむったケースが一例ある点は（表2の⑫）、敵が白兵戦で鑓を使用したことを示しており、白兵戦でどのような武器を使用したのかを考えるうえで参考になる。太刀が折れたケースが一例ある点や（表2の⑤）、膝の皿を割られて片足が不自由になったケースが一例ある点は（表2の①）、白兵戦のすさまじさを物語るものであろう。

細川家家臣の下人（名前の記載はない）が敵の首を討ち取ったケースが二例ある点は（表2の①）、下人が敵の首を討ち取った場合も「首注文」に明記されたということと、細川家家臣が下人を引き連れて白兵戦に参戦したケースがあったこと、つまり白兵戦要員として下人も参戦したことを示している。

◈細川家軍勢の「備え」の編成

この「首注文」からは、細川家の軍勢の陣形を形成した「備え」の編成として、①「備え」の名称不明、②歩小姓衆、③三十人衆、④鉄砲衆、⑤細川忠隆の衆、⑥細川忠隆の御供衆、⑦細川興元（細川忠興の弟）の衆、⑧細川孝之（細川忠興の弟）の衆、⑨有吉興道の衆、⑩米田是季の衆、⑪「備え」の名称不明、⑫松井興長の衆、というように、十二の「備え」から編成されていたことがわかる（表2参照）。

この十二の「備え」を分類すると、兵種別・職制別の衆の「備え」（②〜④）、細川家の一族衆の「備え」（⑤〜⑧）、細川家の重臣衆の「備え」（⑨、⑩、⑫）というように大きく三つのグループに分けられるので、「備え」の名称が不明の①は兵種別・職制別の衆の「備え」、⑪は重臣衆の「備え」であった可能性が高い。こうした構成が、そのまま細川家の軍勢の戦闘陣形の序列であったとすると、前方には兵種別・職制別の衆の「備え」、中央には細川忠隆を中心とした一族衆の備え、後方には重臣衆の「備え」がそれぞれ配置されたことがわかり、細川忠興の嫡子である細川忠隆を中心に据えて編成され、別言すれば細川忠隆を守り固める編成であったともいえる。

この「首注文」では細川忠興の長男（嫡子）である忠隆のことは「与一郎様」、次男の興秋（おきあき）のことは「与五郎様」というように様付で記されているのに対して、細川忠興の弟である興元のことは「玄蕃殿」、孝之のことは「与十郎殿」というように殿付で記されていて、それぞれ区別して書き分けられている点は興味深い。

◆細川忠興と嫡男忠隆

この「首注文」には細川忠興の名前が見えないことから、この「首注文」は細川忠隆の軍勢のものであると考えられる。つまり、細川家の軍勢は細川忠興の軍勢と嫡男の細川忠隆の軍勢というように大きく二つの軍勢から構成されていて、細川忠興の軍勢の「首注文」は別に存在したと考えられる。細川忠隆は慶長五年（一六〇〇）六月二十三日、細川忠興は同月二十七日に、それぞれ別々に宮津（丹後国）を出陣しているので、このことは細川家の軍勢が細川忠興と細川忠隆の二つの軍勢から構成されていたことを示すものであろう。

関ヶ原合戦の七日後にあたる九月二十二日付で、細川忠興は細川忠利（細川忠興の三男）に対して、この度、関ヶ原表において一戦に及び、悉く（敵を）切り崩し数千人を切り捨てにして、細川家の軍勢（「我々手」）で首二〇〇余を討ち取った、と報じている（「（慶長五年）九月二十二日付細川忠利宛細川忠興書状写」、『綿考輯録』四巻）。この場合、数千人を切り捨てにした、というのは家康方軍勢の合計で数千人を切り捨てにしたという意味と考えられる。そして、細川家の軍勢で首二〇〇余を討ち取った、と記しているので、上述した細川忠隆の軍勢の首注文の一三六を差し引くと、残りの六四余の首を細川忠興の軍勢が討ち取ったことになる。

（三）石田三成などの諸将が大垣城から関ヶ原に移動した理由

◈大谷吉継の救援が目的

石田三成などの諸将が大垣城から関ヶ原に移動した理由について、これまでは軍記物の記載から述べられることが多かったが、一次史料をもとに考えると次のようになる。「（慶長五年）九月十七日付松平家乗宛石川康通・彦坂元正連署状写」（『新修福岡市史』資料編、中世一）では、九月十五日の前日である十四日における石田三成方の軍勢の動向について、石田三成・

島津義弘・小西行長・宇喜多秀家の四人が、九月十四日の夜五ツ（午後八時頃）時分に大垣城の外曲輪を焼き払い、関ヶ原へ一緒に押し寄せた、としている。大垣城から移動する際に、大垣城の外曲輪を焼き払った、という記載は注目されるが、これは敵勢に対する威嚇なのであろうか。

石田三成などが、大垣城に籠城して家康方の軍勢を迎撃するのではなく、あえて関ヶ原に布陣して家康方の軍勢を迎撃する作戦をとったことには、どのような理由があったのであろうか。この点については、「吉川広家自筆書状案（慶長五年九月十七日）」（『大日本古文書』―吉川家文書之二）に次のように記されている。

（前略）小早川秀秋は逆意が早くもはっきりする状況になったので、大垣衆（大垣城にいた諸将）は、山中の大谷吉継の陣は心元なくなったということで、（大垣城から）引き取った（移動した）。これは、佐和山への「二重引」をする覚悟と見える。（後略）

この記載によれば、小早川秀秋の逆意があきらかになったので、山中（現岐阜県不破郡関ヶ原町山中）に布陣している大谷吉継を救援するために大垣城から移動した、としている。佐和山への「二重引」という意味はよくわからないが、関ヶ原に布陣することが、石田三成の居城である佐和山城と連携して第二戦線を構築することになる、という意味なのであろうか。

◈敵部隊の捕捉撃滅を狙う

通説では、大谷吉継の山中への布陣は九月三日であり、小早川秀秋の松尾山への布陣は九月十四日であるので（参謀本部編纂『日本戦史　関原役（本編）』）、小早川秀秋が松尾山へ布陣したその日の夜に、石田三成などの諸将は大垣城から関ヶ原へ移動したことになる。

このように急遽、大垣城から移動し、関ヶ原に布陣して野戦に切り換えたことは、突然作戦を変更したことになり一見奇異な印象を受けるが、福田誠氏が指摘するように、戦国時代の合戦は近現代戦のごとく面を制するように戦うのではなく、海戦のように敵部隊の捕捉撃滅を狙って城から出撃し、決戦に持ち込むべく移動する（福田誠「詳解・戦国八陣」）、という点を考慮すると、当時の軍事的セオリーに従った作戦であったことがわかる。

小早川秀秋像（部分・高台寺蔵）

小早川秀秋の九月十五日当日の去就については、右記の「吉川広家自筆書状案（慶長五年九月十七日）」

には、右記の引用箇所以外の部分で、小早川秀秋の「御手引之事」（家康方の諸将が小早川秀秋を味方につけるべく「手引」した、という意味であろう）という記載があり、小早川秀秋が十五日の開戦当初から反石田三成方で動いたことを指していると考えられる。

大谷吉継の着陣の日付については、「（慶長五年）十月七日付本多正純宛池田輝政書状写」（『新修徳川家康文書の研究』）には、九月十四日の夜に大谷吉継が陣取りへ着いたところ、明（九月）十五日未明に一戦を（家康が）命じた、と記されている。よって、大谷吉継の着陣が通説の九月三日ではなく、九月十四日夜が正しいとすると、右記の池田輝政書状によれば、大谷吉継の着陣に対応して家康が一戦を命じた、ということになり、こうした事態に対処するため、急遽、石田三成などが大垣城を出て関ヶ原に布陣したと考えることもできる。

（四）小早川秀秋が裏切ったのは開戦と同時だった
――当日午前中は傍観していたというのは間違い

◈秀秋は開戦と同時に裏切った

小早川秀秋の裏切りについては、通説では当日（十五日）の正午頃まで秀秋は去就をあきらかにしておらず、石田三成方を裏切って大谷吉継隊を攻撃したのは正午頃としているが、これは同時代の一次史料では全く確認できず、一次史料による根拠がある話ではない。よって、この点については、軍記物などによって後世につくられたフィクションであると考えられる。

一次史料としては、関ヶ原合戦がおこなわれた九月十五日の翌々日にあたる九月十七日付で石川康通と彦坂元正が連署して松平家乗に対して出した連署状（「（慶長五年）九月十七日付松平家乗宛石川康通・彦坂元正連署状写」、『新修福岡市史』資料編、中世一）に次のような記載がある（傍線筆者）。

（前略）去る（九月）十四日（家康は）赤坂に着き、十五日巳の刻（午前十時頃）、（家康が）関ヶ原へ出陣して一戦に及んだ。石田三成・島津義弘・小西行長・宇喜多秀家の四人は、（九月）十四日の夜五ツ（午後八時頃）時分に大垣（城）の外曲輪を焼き払い、関ヶ原へ一緒に押し寄せた。この地の衆（尾張衆）・井伊直政・福島正則が先手となり、そのほか（の諸将が）すべて次々と続き、敵が切所（要害の地）を守っているところへ出陣して、戦いをまじえた時（開戦した時）、小早川秀秋・脇坂安治・小川祐忠・祐滋父子の四人が（家康に）御味方して、裏切りをした。そのため、敵は敗軍になり、追い討ち（追撃）により際限なく（敵を）討ち取った。（討ち取った敵の）大将分は大谷吉継・島津忠恒（ママ）・島左近・島津豊久・戸田勝成・

平塚為広、このほかを討ち取った。（後略）

※この連署状写では、島津忠恒（又八郎）が関ヶ原で戦死したと記しているが、忠恒は関ヶ原へは出陣していないので、この記載は誤りである。

このように、右記史料の傍線部には、開戦と同時に小早川秀秋などが裏切ったために敵は敗軍になったと、はっきりと書かれている。

右記の九月十七日付連署状を出した石川康通はそれまでは清須城の番手（在番）をしていて、九月十七日の時点では彦坂元正とともに佐和山城の在番をしていたと考えられる。この連署状の宛所（あてどころ）になっている松平家乗は三河吉田城の番手（在番）であった。よって、関ヶ原合戦（九月十五日）の翌々日にあたる九月十七日付でこの連署状が出された点や、徳川家の関係者間での関ヶ原合戦当日の戦況とその結果に関する速報である点を考慮すると、この連署状の内容はかなり信憑性が高いと考えられる。

なお、裏切った部将として、通説で指摘されている赤座直保、朽木元綱の記載がない点には留意する必要がある。よって、赤座直保、朽木元綱が実際に関ヶ原に出陣したのかどうかという点や、通説の位置（通説では赤座直保は小川祐忠の横、朽木元綱は脇坂安治の横にそれぞれ布陣）に実際に布陣していたのかという点について、後世の軍記物による創作の可能性も含めて、今後再検討する必要がある。赤座直保、朽木元綱に関して疑義がある点については、慶長五年（一六〇〇）八月五日頃の時点における石田・毛利連合軍の各方面での諸将の配置と動員人数を記した史料（『真田家文書』上巻、五六号文書）に、赤座直保と朽木元綱の名前の記載がないこととも関連して検討すべき問題であろう。

このほか、『十六・七世紀イエズス会日本報告集』には、関ヶ原合戦について「彼（筆者注：徳川家康）は敵と戦闘を開始したが、始まったと思う間もなく、これまで奉行たち（筆者注：石田三成など）の味方と考えられていた何人かが内府様（筆者注：家康）の軍勢の方へ移っていった。彼らの中には、太閤様（筆者注：豊臣秀吉）の奥方の甥であり、太閤様から筑前の国をもらっていた（小早川）中納言（金吾秀秋）がいた。（中略）奉行たちの軍勢（筆者注：石田三成方の軍勢）の中には、間もなく裏切行為のため叫喚が起こり、陣列の混乱が叫喚に続いた。（中略）こうして短時間のうちに奉行たちの軍勢は打倒され、内府様は勝利をおさめた。」（傍線筆者）と記されている。

この記載からは、小早川秀秋の裏切りが開戦と同時におこなわれたことがわかり、右記の「（慶長五年）九月十七日付松平家乗宛石川康通・彦坂元正連署状写」の記載内容を裏付けている。そして、小早川秀秋の裏切りによって、石田三成方の軍勢がパニックに陥り、陣列が混乱して短時間で敗北した、という記載も注目される（この点については後述する）。

◆開戦の時刻

右記の「（慶長五年）九月十七日付松平家乗宛石川康通・彦坂元正連署状写」では、小早川秀秋などが裏切った時刻としては開戦した時としている。開戦の時刻については、巳の刻（午前十時頃）に家康が関ヶ原へ出陣して一戦に及んだ、としているので、巳の刻と考えられる。よって、これまでの通説で指摘されてきたように、小早川秀秋は九月十五日の正午頃まで去就を明らかにしていなかった、というのは正しくなく、実際には秀秋が裏切ったのはもっと早い段階であり、開戦と同時であった、というのが正しいことになる。

桐野作人氏は、巳の刻に開戦し、島津家の関係史料をもとに、正午頃にはすでに石田三成の軍勢が総崩れになっていたと指摘したうえで、そのことと小早川秀秋の裏切りとの因果関係は不明である、と述べているが（桐野作人『関ヶ原 島津退き口―敵中突破三〇〇里』）、この点については、上述のように、小早川秀秋は開戦と同時に裏切ったので、そのことが石田三成の軍勢が正午頃にはすでに総崩れになっていたことと直結していたと考えてよいだろう。

『舜旧記』（京都豊国神社社僧の神竜院梵舜の日記）の九月十五日条には次のような記載がある。

美濃堺の柏原（ママ）（現滋賀県米原市柏原。※関ヶ原の誤記カ）において、家康の先勢である福田（ママ）

（福島カ）・細川忠興・加藤嘉明が合戦をおこなった、とのことで、□大□（谷カ）の軍勢が敗北し、大谷吉継は討死した。これは小早川秀秋の反逆によるものであり、巳の刻であった。

この記載からは、①関ヶ原合戦は家康の先勢（福島正則・細川忠興・加藤嘉明）による合戦であった（家康自身の合戦と記されていない点に注意したい〔この点については本書の終章で後述する〕）、②小早川秀秋の反逆により石田三成方の軍勢が敗北し、大谷吉継は討死したが、その時刻が巳の刻であった、ということがわかる。

特に注目されるのが、石田三成方の軍勢の敗北、大谷吉継の討死の時刻を巳の刻としている点であり、このことは開戦と同時に小早川秀秋の裏切りにより即時に敗北したことを意味すると考えられる。

なお、開戦時刻については、午前八時頃開戦とする見解が多いが（参謀本部編纂『日本戦史関原役（本編）』、『歴史群像シリーズ④　関ヶ原の戦い【全国版】史上最大の激突』、『歴史群像シリーズ戦国セレクション　決戦関ヶ原』など）、この見解は一次史料に依拠したものではなく、『関原軍記大成』など、後世の編纂史料である軍記物の記載に依拠したものと思われ、その意味では再検討が必要と考えられる。

◈秀秋が正午頃に裏切ったというのは軍記物によるフィクション

『当代記』には、石田三成方の諸将が関ヶ原に打って出て戦ったという記載がなく、まさに布陣しようとしたところを、小早川秀秋が裏切ったので敗北した、と記されている点は、本書の序章においてすでに述べたが、この『当代記』の記載は、右記の「（慶長五年）九月十七日付松平家乗宛石川康通・彦坂元正連署状写」や『舜旧記』の記載内容と合致するものである。

また、前掲『十六・七世紀イエズス会日本報告集』には、上述したように、小早川秀秋の裏切りによって短時間で石田三成方の軍勢が敗北したという記載があるほか、同史料の他の箇所には、関ヶ原合戦について「わずかの間に諸奉行の軍（筆者注：石田三成方の軍勢）は総崩れとなり、戦場の勝利は内府様（筆者注：家康）のものとなった」（傍線筆者）とか、「仕組まれた裏切り（筆者注：小早川秀秋の裏切り）のため、一瞬にして全軍（筆者注：石田三成方の軍勢）が敗れると（後略）」（傍線筆者）というように同様の記載がある。このように、開戦と同時に小早川秀秋が裏切り、そのため石田三成方の軍勢は瞬時に敗北したというのが歴史的事実であると考えられる。

このように考えると、「島津の退き口」（島津義弘の敵中突破）は、小早川秀秋が開戦と同時に裏切ったことにより、石田三成方の軍勢の戦線が開戦と同時に総崩れになったため、こうした戦線の混乱の中、島津義弘は家康方の軍勢と戦う時間もなく、迫り来る敵に対して、急遽敵中を正面から突破せざるを得なかった、というのが真相であろう。その意味では、従来通説で指摘されてきたように、島津義弘が当初は積極的に戦いに参加しなかったとか、戦いの推移を傍観していた、というのは全くの誤りであり、島津義弘には傍観したりするような時間的余裕はなかったということになる。

なお、当日（九月十五日）は霧が深く、五間～一〇間（約九～一八メートル）隔てた所も見えなかったので（「吉川広家自筆覚書案」、『大日本古文書』―吉川家文書之二）、小早川秀秋が開戦と同時に裏切った動きを石田三成などの軍勢が当初は正確に把握できなかった可能性も考えられ、そのことが大敗につながった要因と推測することもできよう。

通説では、小早川秀秋は正午頃まで去就を明らかにしていなかったとか、石田三成方の軍勢が正午頃まではよく善戦していた、とされているが、こうした点は一次史料による裏付けが全くないフィクションであり、江戸時代の軍記物である『関原軍記大成』や参謀本部編纂『日本戦史　関原役（本編）』の記載を、検証もせずにそのまま鵜呑みにしていたにすぎない。江戸時代の軍記物においてこうした虚偽の記載がされた背景には、小早川秀秋が開戦と同時に裏切り、石田三成方の軍勢が瞬時に敗北したというのであれば、ストーリー展開として、あっけなく戦いが終わってしまい、話としておもしろみがないので、合戦の展開をスリリングに演出するために架空の話をでっちあげて創作したと考えられる。

九月十五日当日の小早川秀秋の去就に関連して、よく知られている、いわゆる「問鉄砲」（家康から遣わされた鉄砲隊が小早川秀秋の陣に向けて裏切りを督促するために発砲したとされる話）の問題については、本書の第三章において考察しているので後述する。

（五）奥平藤兵衛（貞治）はどこで戦死したのか

◆尾張衆の一人だった奥平藤兵衛の戦死

小早川秀秋の裏切りに関連する問題として、奥平藤兵衛（貞治）はどこで戦死したのか、という点を考察する必要がある。

奥平藤兵衛が尾張衆の一人として、生駒利豊などと共に関ヶ原合戦（本戦）に参戦し、敵に鑓で突かれて即死したことは、上述した生駒利豊書状に記されていた。しかし、この点は、奥平藤兵衛は家康から小早川秀秋隊に付けられていた目付であり、大谷吉継隊との戦いにおいて討死した、とする通説（笠谷和比古（かさやかずひこ）『関ヶ原合戦―家康の戦略と幕藩体制』など）と異なるため、次に考察していきたい。

奥平藤兵衛の戦死の状況に関する史料としては、『新訂寛政重修諸家譜』第九（奥平貞治）の以下の記述がよく知られている。その箇所を現代語訳して以下に引用する。

（慶長五年）九月、（奥平貞治は）関ヶ原の役にも供奉した。小早川秀秋はかねて（家康方に）内応していたので、（九月）十四日、その様子をうかがうために伴重盛とともに、秀秋の松尾山の陣に至り、（家康の）仰せによって、奥平貞治は小早川秀秋の陣にとどまった。十五日の合戦で秀秋は裏切りをしようとしたが、大谷吉継・平塚為広・戸田勝成等のために隔てられて、そのこと（裏切ること）が遅滞に及んだ。時に藤堂高虎の備えより、松尾山に向かって試しに鉄砲を発した。この時にあたって、大谷・平塚等が少し油断していたように見えたので、秀秋の先手の松野主馬のもとに使いを出して、速やかに大谷等の備えに切り入るべし、と述べた。しかし、かねてこのこと（裏切り）を知らされていなかったので、松野主馬は（裏切って大谷・平塚等へ攻撃することを）承服せずますます遅々に及んだ。このため、奥平貞治は秀秋の近臣とともに松野主馬の陣へ行き、事はすでに急であり、今に及んで秀秋の下知に背くのは逆心である、と述べ、もし違背すれば（松野主馬を）討ち果たそうとする勢いであった。松野主馬はこれに屈して、人数を渡して退去した。よって、速やかに敵陣に切り入ろうとしたが、大谷・平塚等は勇戦してこれを防いだために、(小早川秀秋の)先手はすでに(戦いに)敗れてしまった。時に、奥平貞治は踏みとどまって奮戦して討死した。

このように、『寛政重修諸家譜』の記載では、①奥平貞治は家康から小早川秀秋の陣に派遣された軍監のような位置付けであった、②小早川秀秋の重臣の松野主馬が裏切りに承服せず退去したあとで、奥平貞治は踏みとどまって奮戦して討死にした、というように描かれている。その文脈からは、小早川秀秋の裏切りが遅れたことの責任をとって奮戦し、討死したようにも受け取ることができる。

◆『寛政重修諸家譜』の記載の信憑性

『寛政重修諸家譜』は江戸時代後期の寛政年間(一七八九～一八〇一)に江戸幕府が編纂した編纂史料なので、史料の信憑性という点では、一次史料である上述した生駒利豊書状の方が信憑性が高いことになる。生駒利豊書状では、奥平貞治は尾張衆の一人として参戦して戦死したのであって、『寛政重修諸家譜』の記載にあるような小早川秀秋の裏切りに関係する戦況の中で、家康から小早川秀秋の陣に派遣された軍監のような立場として奮戦して戦死したという話とは全く無関係である点が大きな違いである。

『寛政重修諸家譜』の記載にあるように、奥平貞治が家康から小早川秀秋の陣に派遣されたとすると、奥平貞治は当時家康の家臣であったということになるが、実際には家康の家臣ではなかったと考えられる。例えば、慶長五年（一六〇〇）の八月十九日付で奥平貞治は黒田長政・徳永寿昌と連署して、木曽川渡河作戦の決行にあたり、井伊直政・本多忠勝に対して、早急に（清須城へ）来るように呼び付けた内容の書状を出している（「（慶長五年）八月十九日付井伊直政・本多忠勝宛黒田長政・徳永寿昌・奥平貞治連署状」、『愛知県史』資料編一三、織豊三）。このことは、奥平貞治がもし家康家臣であったならば、こうした内容の書状を黒田長政・徳永寿昌と連署して出すことはなかったはずである。

◈『関原軍記大成』の影響

『寛政重修諸家譜』に先行して、『関原軍記大成』では、奥平藤兵衛（貞治）が家康からの目付として小早川秀秋の陣に遣わされ、その後、大谷吉継隊との戦いにおいて討死した、という話を収録しているが、この話を収録しているのは、管見によれば、関ヶ原合戦に関する軍記物の中では『関原軍記大成』だけである。よって、この話は『関原軍記大成』によるオリジナルの創作話と考えられる。

『寛政重修諸家譜』と『関原軍記大成』の成立年を比較すると、『寛政重修諸家譜』の成立が文化九年（一八一二）、『関原軍記大成』の成立が正徳三年（一七一三）であるから、『関原軍記大成』の方が約一〇〇年先行していることになる。

こうした点を勘案したうえで、『寛政重修諸家譜』に、どうしてこのような全くのフィクションである話が挿入されたのかを考えると次のようになる。その背景としては、①軍記物である『関原軍記大成』が描くストーリーが、『寛政重修諸家譜』成立当時は一般に広く流布していたと考えられるので、その影響を受けた（ちなみに、江戸時代前期の寛永年間〔一六二四〜一六四四〕に江戸幕府が編纂した『寛永諸家系図伝』第六〔奥平貞治〕には、松野主馬のエピソードは出てこない）、②『寛政重修諸家譜』は各大名家から提出された家譜をもとに編纂されているので、奥平家（中津藩）としては、この話が歴史的事実ではなかったとしても、確信的にこの話を挿入したと考えられ、その要因として奥平家が関ヶ原合戦において、家康への忠誠心がいかに強かったのかを幕府にアピールする狙いがあったのではないか、と推測できる。

このように、奥平藤兵衛（貞治）の戦死に関する話についても歴史的事実とは全く異なるフィクションとしての話が通説化しているのであるが、その要因として軍記物である『関原軍記大成』の影響が大きいことがわかる。この奥平藤兵衛の戦死に関する話も、虚像としての関ヶ原合戦像に書き替えられた話の一つであると見なすことができよう。

第二章　関ヶ原合戦以前の通説を正す

（一）小山評定は歴史的事実ではない
――江戸時代に誕生した「小山評定」

◆有名な感動的ストーリー

小山評定（おやまひょうじょう）は、通説では、石田三成の上方での挙兵に対応するため、七月二十五日、家康が上杉討伐のために東下していた諸将を下野国小山（現栃木県小山市）に招集しておこなわれた評定であり、上杉討伐を中止して、石田三成を討つために諸将が西上することを決定したものとして有名である。この時、福島正則は率先して家康に味方することを表明して、それを聞いた他の諸将も続々と家康に味方することになり、山内一豊は居城の掛川城を徳川勢に明け渡すことを表明し、東海道筋に居城がある他の諸将も同様に居城を明け渡すことになった、とされている。

小山評定の内容は非常に感動的なストーリーであり、関ヶ原合戦に至る経過の中で最もよく知られた名場面として知られている。関ヶ原合戦の歴史ドラマでは、静まり返った評定の場で、福島正則が家康に味方することを大見えをきって真っ先に発言するくだりでは、視聴者の感動を呼び起こす一つのクライマックスといってもよいだろう。そして、山内一豊が発言するくだりも、知らない人はいないほど有名である。関ヶ原合戦の歴史ドラマでは、この小山評定の場面が必ず出てくるのであり、忠臣蔵でいうと江戸城松の廊下での刃傷（にんじょう）事件の場面に匹敵するくらい重要な場面といえる。そして、小山評定における福島正則や山内一豊の発言は、家康が豊臣恩顧の部将からいかに信望が厚かったかを象徴する出来事であったように受け止められている。

◈名場面としての小山評定

このように小山評定は非常に有名な場面であり、これまで関ヶ原合戦の歴史ドラマでは一番の見せ場としてくりかえし放映されてきたことや、江戸時代の軍記物では必ずといってよいほど出てくることから、現在では小山評定が動かしようのない歴史的事実であると信じ込んでいる人も多い。

ところが、江戸時代の軍記物など後世の編纂史料で、小山評定がまるで見てきたかのように雄弁に記述されているのに対して、同時代の一次史料では、小山評定について直接言及したものは皆無なのである。

これまで通説では、小山評定が七月二十五日に開かれたことを示す唯一の史料的論拠として、その前日（七月二十四日）に福島正則宛に出された徳川家康書状写（『武徳編年集成』所収）

が取り上げられてきた。

この家康書状の内容は、家康が福島正則に対して、早々に「其元」まで出陣したことを御苦労であるとし、「上方雑説」のため、(福島正則の)軍勢(の進軍)を停止し、福島正則自身が「是」(家康がいるところ)まで来るように、と記したものである。そして、詳しいことは黒田長政と徳永寿昌が述べるので詳しくは(書かない)と記している。

この内容が正しいならば、翌日の七月二十五日に開かれたとされる小山評定に福島正則が来たことを傍証する一次史料という評価ができることになる。

◆『武徳編年集成』所収の家康書状写

しかし、この家康書状は、①原本ではなく写しである、②『武徳編年集成』という後年の編纂史料(二次史料)に所収されたものである、という二点の理由から、史料批判の必要が出てくる。

『武徳編年集成』は、元文五年(一七四〇)に幕臣の木村高敦(たかあつ)が著した、徳川家康一代の事歴を詳述した歴史書であり、寛保元年(一七四一)に八代将軍徳川吉宗に献上された。『武徳編年集成』の七月二十四日条にこの家康書状写が収録されていて、翌日の七月二十五日条で小山評定のことを記述しているので、『武徳編年集成』における記述の流れでは、この家康書状が七月二十五日におこなわれた小山評定と関連するかのように位置付けられている。『武徳編年集成』では、家康のことを「神君」と表記していて、家康の業績を過度に美化するような徳川史観のバイアスがかかっている点は注意する必要がある。

この『武徳編年集成』所収の「（慶長五年）七月二十四日付福島正則宛徳川家康書状写」の内容とほぼ同文の「（慶長五年）七月十九日付福島正則宛徳川家康書状写」（『福嶋氏世系之圖　全』、京都大学総合博物館所蔵「福嶋家文書」）を比較検討すると、『武徳編年集成』所収の家康書状は書状の中の文言を「上」（「人数之儀者被上」、傍線筆者）から「止」（「人数之儀者被止」、傍線筆者）に改ざんして書状の内容を別の意味にすりかえたことがわかる。つまり、福島正則の軍勢を西上させるように家康が福島正則に対して命じた、という内容が、『武徳編年集成』所収の家康書状写では、福島正則の軍勢の進軍を中止するように家康が福島正則に対して命じた、というように改ざんされている。

よって、七月二十五日に小山評定がおこなわれて上杉討伐の中止を決定したかのようにみせるため、その前日付の家康書状写で福島正則の進軍中止を命じた、というように、日付と内容を改ざんしたものであると考えられる。この改ざんをおこなったのは、『武徳編年集成』の著者木村高敦であると推測され、『武徳編年集成』における小山評定へのストーリー展開に信憑性があるかのように見せるため、この家康書状の内容を改ざんして利用したのであろう。

このように、これまで通説で、小山評定が七月二十五日に開かれたことを示す唯一の史料的論拠として扱われてきた『武徳編年集成』所収の「（慶長五年）七月二十四日付福島正則宛徳川家康書状写」は、日付と内容が改ざんされたものであることが明らかになったので（拙稿「フィクションとしての小山評定―家康神話創出の一事例」）、七月二十五日に小山評定がおこなわれたことを証明する一次史料は存在しないことになる。

◈小山評定の存否

なお、「（慶長五年）七月二十九日付大関資増宛浅野幸長書状」（「大関家文書」、新井敦史「黒羽町所蔵の関ヶ原合戦関係文書について」に活字翻刻されている）の解釈をもとに、本多隆成氏は七月二十五日に小山評定がおこなわれたとする通説を裏付けるものになると考え（本多隆成「小山評定の再検討」）、高橋明氏は小山での「評定」ではなく「談合」であったと考定している（高橋明「小山の「評定」の真実」）。しかし筆者は、この浅野幸長書状において、上杉討伐の延期が決定された日付や場所については全く触れられていないことから、この浅野幸長書状は、従来の通説で指摘されてきた七月二十五日に小山評定がおこなわれたということを立証する根拠となる一次史料にはならないと考えている。

そもそも、小山評定が歴史的事実であれば、家康が東下した諸将に対して七月二十五日に小山へ来るように招集を命じた書状が、本来ならば数多く残っていてもよさそうなものであるが、家康が七月二十五日に小山へ来るように命じた諸将宛の書状は一通も残っていないことは不審である。

また、七月二十五日に小山評定がおこなわれたことが歴史的事実であったのであれば、小山評定は軍事方針を決定した重要な軍議であるから、七月二十五日付で諸将の間で取り決めた内容を一つ書きで列記し、軍議に参加した諸将が署判したはずである。例えば、慶長の役（朝鮮出兵）における井邑（チョンウプ）の軍議では、諸将間で取り決めた内容を一つ書きで五ケ条にして列記し、日付（九月十六日）を明記して宇喜多秀家他十四名の部将が連署している（「（慶長二年）九月十六日付長束正家・石田三成・増田長盛・前田玄以宛宇喜多秀家他十四名連署言上状案」、『大日本古文書』―島津家文書之二）。このような文書（一次史料）が残されていないこと自体が、七月二十五日に小山評定がおこなわれていないこと、及び、小山評定自体がフィクションであることの傍証となり得る。

◈小山評定についての検証

小山評定が歴史的事実であることを証明するためには、一次史料によって立証する必要があるのは当然である。しかし、これまでの通説の見解では、一次史料による立証作業を経ることなく、『徳川実紀』(天保十四年〔一八四三〕成立)などの江戸時代後期の編纂史料や、『関原軍記大成』(正徳三年〔一七一三〕成立)などのような江戸時代中期の軍記物の記載内容がそのまま下敷きにされ、敷衍(ふえん)されてきたにすぎない。

家康が小山にいたこと、あるいは部将が小山に来たということと、小山評定があったということとは全く別の問題であって、〝○月○日に小山で、どの部将が参加して、どのような内容の軍議をおこなったのか〟ということを明確に記した一次史料が出てこない限り、小山評定が歴史的事実であると断定することは避けるべきである。つまり、小山評定に関して最大のネックは、その日付及び内容を一次史料によって全く立証できない点にある。

これまでの通説では、まともな検証作業もせずに、小山評定があったことを前提に考えられてきたが、小山評定があったことを所与の前提として考えるのではなく、一次史料によって明確に立証できない限り、小山評定が歴史的事実ではないことを前提に、関ヶ原合戦に至る政治的・軍事的経過を考察することが至当な見方であろう。よって、小山評定の実在性を明確に立証する新出の一次史料が発見されていない現段階では、いわゆる小山評定は江戸時代の軍記物やその他の編纂史料が作り出した想像の産物であり、後世の江戸時代に誕生した架空の話(つまりフィクション)であって、歴史的事実ではないと断ぜざるを得ないのである。

◈エスカレートしていく軍記物の記載

上述のように、小山評定については、当時の家康書状や関係諸将が出した書状などの一次史料でその存在が確認できず、江戸時代の編纂史料にしか記載がない点が特徴である。江戸時代の編纂史料での初見は、江戸時代初期の『寛永諸家系図伝（池田輝政、黒田長政など）』（寛永二十年〈一六四三〉成立）であるが、そこには、現在知られているような小山評定に関する詳細な内容は記されておらず、小山評定の日付についても全く記載されていない。

その後の編纂史料では、江戸時代前期の『慶長記』（慶安元年〈一六四八〉成立）以降、江戸時代後期の『徳川実紀』（天保十四年〈一八四三〉成立）、幕末の『高山公実録』（嘉永年間〈一八四八～一八五四〉成立）まで小山評定に関する記載は見られるが、時代が下るに従って、内容の脚色がエスカレートして記載内容は詳しくなっていき、江戸時代中期の『関原軍記大成』（正徳三年〈一七一三〉成立）や江戸時代後期の『改正三河後風土記』（天保四年〈一八三三〉成立）では小山評定に関する記載量が飛躍的に増えている。

こうした背景としては、軍記物は現代的にいえば小説に該当し、ストーリーの内容におもしろみを持たせて読者を魅了させるために、感動的なセリフなどをどんどんでっちあげて挿入し、幕府官撰の編纂史料では家康の事績を過度に賞揚して、家康神話を創出することに注力した結果によるものと考えられる。

◆小山評定に関する滑稽な描写

江戸時代の軍記物やその他の編纂史料における小山評定に関する滑稽な描写の一例として、家康が諸将に対して料理の供応をおこなったという記載がある。

供応の記載についての初見は『関原始末記』（明暦二年〈一六五六〉成立）であり、その後、『関原(せきがはら)大條志(だいじょうし)』（貞享三年〈一六八六〉写）、『関原軍記大成』（正徳三年〈一七一三〉成立）、『公室年譜略』（安永三年〈一七七四〉成立）、『改正三河後風土記』（天保四年〈一八三三〉成立）、『朝野旧聞裒藁(ちょうやきゅうぶんほうこう)』綱文（天保十三年〈一八四二〉成立）に供応についての記載があるので、江戸時代前期・中期・後期というように時代的に幅広く料理の供応の記載が確認できる。このことは、同じ話（パターン化した話）が、時代が下るに従って編纂史料から他の編纂史料へと引き継がれていったことを示している。

小山評定の際に、家康が諸将に対して供応をおこなったという話は、このような緊急事態に料理をわざわざ諸将に振る舞うということ自体が滑稽な芝居がかった設定であり、軍記物の作者が創作した小説的な脚色であって、歴史的事実とは考えられないが、こうした話がパターン化されて編纂史料間で踏襲されていった、という点は注意すべきであろう。

◈七月二十四日説と七月二十五日説

通説では、小山評定がおこなわれた日付は七月二十五日となっているが、上述のように、江戸時代初期の『寛永諸家系図伝（池田輝政、黒田長政など）』では、その日付について全く記載されていない。

その後、江戸時代の軍記物やその他の編纂史料では、小山評定の日付について、①七月二十四日とする史料、②七月二十五日とする史料、③日付の記載がない史料、というように三分類できる。

七月二十四日とする史料は『慶長記』（慶安元年〔一六四八〕成立）、『関原始末記』（明暦二年〔一六五六〕成立）、『関原大條志』（貞享三年〔一六八六〕写）、『黒田家譜』（元禄元年〔一六八八〕成立）、『石田軍記』（元禄十一年〔一六九八〕成立）であり、江戸時代前期から中期の史料である。

これに対して、七月二十五日とする史料は、『武家事紀』（延宝元年〔一六七三〕成立）、『武徳編年集成』（元文五年〔一七四〇〕成立）、『公室年譜略』（安永三年〔一七七四〕成立）、『改正三河後風土記』（天保四年〔一八三三〕成立）、『朝野旧聞裒藁』綱文（天保十三年〔一八四二〕成立）、『高山公実録』綱文（嘉永年間〔一八四八～一八五四〕成立）であり、江戸時代前期の『武家事紀』を除くと、江戸時代中期から後期（幕末も含む）の史料である。

『徳川実紀』（天保十四年〔一八四三〕成立）は小山評定の日付について記載がないので、小山評定の日付を特定していないことになる。これに対して、上述のように『朝野旧聞裒藁』は小山評定の日付を七月二十五日としているので、成立年が近い幕府官撰の編纂史料（『徳川実紀』、『朝野旧聞裒藁』）であっても、小山評定の日付に関して見解が分かれている点は、対照的であり注意すべきであろう。

◈軍記物などの編纂史料が架空の日付を設定した

このように、小山評定の日付について、七月二十四日とする史料が江戸時代前期から中期（慶安期～元禄期）の史料であるのに対して、七月二十五日とする史料が一例（延宝期）を除くと江戸時代中期から後期・幕末（元文期～安政期）の史料であることからすると、当初は慶安期（江戸時代前期）から元禄期頃（江戸時代中期）までは七月二十四日説が一般的に流布していたが、時代が下って元文期頃（江戸時代中期）から幕末にかけては七月二十五日説が一般的に流布するようになった、と考えられる。現在の通説では小山評定を七月二十五日としているのは、この影響を受けていると思われる。

こうした経緯を考慮すると、七月二十五日に小山評定がおこなわれたと現在考えられている史料的根拠は、一次史料によるものではなく、江戸時代の編纂史料によるものであって、その意味では、歴史的事実ではない架空の日付の設定であることがわかる。

江戸時代の軍記物やその他の編纂史料において小山評定の内容の脚色がエスカレートしていった経緯を考慮した場合、小山評定は歴史的事実ではなく、江戸時代の編纂史料の作成過程において創作された想像の産物であったと考えられる。これが「小山評定の誕生」の真実であり、小山評定は慶長五年（一六〇〇）の歴史的事実ではなく、後世の江戸時代に捏造され、その後、話の内容の脚色がどんどん追加されていったというのが実態であった。例えば、福島正則や山内一豊の芝居がかった名セリフや、家康が諸将に対して供応をおこなった、などは小説的脚色の最たるものであろう。

現在巷間（こうかん）によく知られている小山評定の内容は、江戸時代の軍記物やその他の編纂史料の記載内容を歴史的事実であると錯誤したことに由来するものである。特に徳川家の正史である『徳川実紀』に小山評定の話が収録されたことは、その後の時代に大きな影響力を持ったと思われ、小山評定が歴史的事実であると誤認させる要因になったと考えられる。

小山評定が歴史的事実ではないにしても「小山評定」という表記の妥当性について検討する必要はあるだろう。「小山評定」という表記について、従来の研究史では、江戸時代の軍記物やその他の編纂史料における用例の検討もせずに、安易に「小山評定」という表記が一貫して使用されてきたが、管見の限りでは、江戸時代の軍記物やその他の編纂史料において「小山評定」という用例は一例もない。例えば、管見では、「軍評定」が二例（『寛永諸家系図伝（池田輝政、藤堂高虎）』）、「評定」が一例（『寛永諸家系図伝（黒田長政）』）、「御評議」が一例（『慶長記』）、「評議」が三例（『関原大條志』、『石田軍記』、『改正三河後風土記』）、「軍議」が一例（『武徳編年集成』）であり、「小山評定」という表記は全くない。

現在では「小山評定」という表記が一般化しているが、その表記については、江戸時代の軍記物や編纂史料の史料的根拠さえもないことがわかる。江戸時代の軍記物や編纂史料において最も用例が多いのが、上述のように管見では「評議」（「御評議」も含む）であるから、歴史的事実ではないにしても、表記する必要がある場合は、今後は、小山評定ではなく、小山での「評議」（「小山評議」ではない）と表記すべきであろう。

（二）家康方諸将の構成と兵力数

——岐阜城攻城戦に関する新出史料による兵力数の確定

◈家康方諸将の構成

関ヶ原合戦における家康方諸将の構成については、これまでの通説では江戸時代の軍記物の記載などをもとに述べられることが多かったが、一次史料をもとに考えると以下のようになる。

家康方諸将の構成については、一次史料で確認できる部分は少ないが、「（慶長五年）九月十七日付松平家乗宛石川康通・彦坂元正連署状写」（『新修福岡市史』資料編、中世一）において、関ヶ原合戦は「この地の衆（尾張衆）・井伊直政・福島正則が先手となり、そのほか（の諸将が）すべて次々と続き、敵が切所（要害の地）を守っているところへ出陣して」と記されていることから、先手が尾張衆・井伊直政・福島正則であり、他の諸将がそれに次々と続いた、という構成であったことがわかる。

また、「（慶長五年）九月二十日付近衛前久（さきひさ）書状」（『関ヶ原合戦史料集』）には、昨夕（九月十九日の夕）、「彼の陣床（マヽ）（陣所ヵ）」から自分（近衛前久）のところへ来た者が直（じか）に語った内容として、先手の人数は福島正則が一番（備え）、細川忠興が二番（備え）、金森長近が三番（備え）であり、田中吉政そのほか上方の人数四万ばかりが面々に備え（を立てた）、と記されている。

「吉川広家自筆書状案（慶長五年九月十七日）」（『大日本古文書』―吉川家文書之二）では、①敵（家康方）は、人数を二手に分けて一手は山中（現岐阜県不破郡関ヶ原町山中）へ押し入った、②山中への先手は、福島正則・黒田長政、そのほか加藤嘉明・藤堂高虎（など）上（方）より（東国へ）下った衆中である、③南宮山への手当て（配置した諸将）は、先手の池田輝政・井伊直政・本多忠勝、そのほか家康の馬廻である、と記されている。

右記①～③を考慮すると、家康方の軍勢は二手に分けられ、一手は山中という場所に布陣した石田三成方の諸将に対して攻め込み、もう一手は毛利秀元などが布陣する南宮山に対峙したことがわかる。具体的には、山中への先手は福島正則・黒田長政・加藤嘉明・藤堂高虎など、家康の上杉討伐のために上方より東国へ下った諸将であり、南宮山の押さえは池田輝政・井伊直政・本多忠勝そのほか家康の馬廻であった。

この中で、井伊直政については、右記の「（慶長五年）九月十七日付松平家乗宛石川康通・彦坂元正連署状写」において、福島正則とともに先手であった、としているので、開戦までに南宮山の押えから最前線へ移動したと考えられる。

◆岐阜城攻城戦の諸将の構成との関係

この二手の分け方は、岐阜城攻城戦における家康方諸将の構成（表3参照）と同じである。表3を見るとわかるように、岐阜城攻城戦における家康方諸将は、福島正則の組と池田輝政の組に分けられ、黒田長政・加藤嘉明・藤堂高虎はいずれも福島正則の組に入っている。この点は、右記の「吉川広家自筆書状案（慶長五年九月十七日）」における分け方と同じである。

右記の点を考慮すると、関ヶ原合戦における家康方諸将の構成は、岐阜城攻城戦における家康方諸将の構成をそのまま踏襲していることになる。この点は、すでに笠谷和比古氏が指摘している通りである（笠谷和比古『関ヶ原合戦—家康の戦略と幕藩体制』）。

　このように、岐阜城攻城戦における家康方諸将の構成（組編成）が、そのまま関ヶ原合戦でも展開されたということは、岐阜城攻城戦から関ヶ原合戦までが、継続性を持つ一連の戦いであったことを示している。また、南宮山の押えにも相応の兵力数を当てていることから、南宮山に布陣する毛利秀元などに対して、家康は決して楽観視しておらず、一定の警戒感を持っていたことがわかる。

表3　木曽川渡河作戦（八月二十二日）**と岐阜城攻城戦**（八月二十三日）**における家康方諸将の編成**

部将名	所領がある国	居城	石高	備考
池田輝政の組（注1）				
池田輝政	三河	吉田	一五万二〇〇〇石	
浅野幸長	甲斐	府中	二二万五〇〇〇石	
山内一豊	遠江	掛川	六万八〇〇〇石	
松下重綱	遠江	久野	一万六〇〇〇石	
池田長吉	近江国内		二万二〇〇〇石	
有馬豊氏	遠江	横須賀	三万石	
堀尾忠氏	遠江	浜松	一二万石	
一柳直盛	尾張	黒田	三万五〇〇〇石	道筋について案内をする（注2）
		合計	六六万八〇〇〇石	

部将名	所領がある国	居城	石高	備考
福島正則の組(注3)				
福島正則	尾張	清須	二〇万石	
加藤嘉明	伊予	松前	一〇万石	
細川忠興	丹後	宮津	一七万石	
黒田長政	豊前	中津	一八万二〇〇〇石	
藤堂高虎	伊予	板島	七万石	
田中吉政	三河	岡崎	一〇万石	
本多俊政	大和	高取	二万五〇〇〇石	
生駒一正	讃岐	丸亀	六万一〇〇〇石	
京極高知	信濃	飯田	一五万石	
筒井定次	伊賀	上野	二〇万石	
松倉重政	伊賀	名張	八〇〇〇石	
秋山左近(ママ)(右近カ=光匡カ)(注4)	不明		不明	
神保相茂	大和国内		六〇〇〇石	
		合計	一二七万二〇〇〇石	
その他				
桑山元晴(注5)	大和国内		一万石	福島正則の組に属した可能性も考えられる
西尾光教(注6)	美濃	曽根	二万石	池田輝政の組と福島正則の組のいずれの組に属したかは不明
徳永寿昌(注7)	美濃	高松	三万石	池田輝政の組と福島正則の組のいずれの組に属したかは不明

※表3における所領がある国・居城・石高・備考は、作表にあたり補足した（ただし、備考の（注2）は除く）。

（注1）史料典拠は、「（慶長五年）八月二十二日付本多正信・西尾吉次・村越直吉宛井伊直政書状写」（中村孝也『徳川家康文書の研究』中巻、日本学術振興会、一九五八年、六二三〜六二五頁。『愛知県史』資料編一三、織豊三、愛知県史編さん委員会編集、愛知県発行、二〇一一年、九七一号文書）における記載による。

（注2）前掲（注1）に同じ。

（注3）前掲（注2）に同じ。

（注4）前掲「（慶長五年）八月二十二日付本多正信・西尾吉次・村越直吉宛井伊直政書状写」には、「秋山左近」と記されているが、「（慶長五年）八月二十七日付徳川家康書状」（前掲・中村孝也『徳川家康文書の研究』中巻、六三六〜六三七頁）の宛所である諸将九人の中の一人に「秋山右近大夫」の名前があり、前掲・中村孝也『徳川家康文書の研究』中巻（六三六頁）では、この「秋山右近大夫」を秋山光匡に比定している。よって、前掲「（慶長五年）八月二十二日付本多正信・西尾吉次・村越直吉宛井伊直政書状写」における「秋山左近」は、「秋山右近」を「秋山左近」と誤記した可能性が高いと考えられる。

（注5）史料典拠は、岐阜城攻城戦の報告を受けた旨を記した「（慶長五年）八月二十五日付藤堂高虎・本多俊政・生駒一正・桑山元晴宛徳川家康書状文書」（前掲・中村孝也『徳川家康文書の研究』中巻、六二八頁。前掲『愛知県史』資料編一三、織豊三、九八九号文書）の宛所に桑山元晴の名前があることによる。同じ宛所になっている藤堂高虎・本多俊政・生駒一正は福島正則の組に属するので、桑山元晴は福島正則の組に属した可能性も考えられる。

（注6）史料典拠は、岐阜城攻城戦の報告を受けた旨を記した「（慶長五年）八月二十五日付田中吉政・一柳直盛・西尾光教・徳永寿昌・池田長吉宛徳川家康書状写」（前掲・中村孝也『徳川家康文書の研究』中巻、六二九頁。前掲『愛知県史』資料編一三、織豊三、九八八号文書）の宛所に西尾光教の名前があることによる。池田輝政の組と福島正則の組のいずれの組に属したかは不明である。

（注7）史料典拠は、岐阜城攻城戦の報告を受けた旨を記した「（慶長五年）八月二十五日付田中吉政・一柳直盛・西尾光教・徳永寿昌・池田長吉宛徳川家康書状写」（前掲・中村孝也『徳川家康文書の研究』中巻、六二九頁。前掲『愛知県史』資料編一三、織豊三、九八八号文書）の宛所に徳永寿昌の名前があることによる。池田輝政の組と福島正則の組のいずれの組に属したかは不明である。

◈新出史料の紹介

これまでの通説では、関ヶ原合戦における家康方諸将の具体的兵力数を示す一次史料は指摘されてこなかったが、今回、岐阜城攻城戦における家康方諸将の兵力数を示す新出史料（一次史料）を紹介したい。木曽川渡河作戦（八月二十二日）・岐阜城攻城戦（八月二十三日）はそれぞれ一日で終了しているので、家康方諸将の兵力数がそれほど損耗していなければ、上述のように、そのままの構成（組編成）で関ヶ原合戦においても展開されていることから、関ヶ原合戦における家康方諸将の具体的兵力数として考えても、それほど誤差はないと思われる。

今回、紹介する新出史料（一次史料）は、八月二十一日付で福島正則が出した覚書であり（「（慶長五年）八月二十一日付福島正則覚書」、「岡文書」（影写本）、『藤堂高虎関係資料集・補遺』―三重県史資料叢書五）、家康方諸将の名前と人数が列記されている。その史料の記載を次に原文のまま引用する。

覚

羽左太　　六千五百
羽三左　　六千五百

羽越中　　　　二千
加左馬　　　　千六百
藤佐州　一組　千五百
黒甲州　一組　千三百
浅左京　　　　五千
堀信州　　　　四千
山対州　　　　二千六百
羽修理　　　　千五百
有玄蕃　　　　二千二百
松右兵　　　　千
羽伊賀守　一組　千五百〻〻
田兵太　　　　四千
西豊後守　　　四百
（後筆）
「慶長五年」
八月廿一日　　大夫（花押）

（注）史料中の「〻」は文字が抹消されていることを示す。

◆新出史料による分析

史料引用は以上であるが、八月二十一日という日付は木曽川渡河作戦（八月二十二日）の前日にあたり、岐阜城攻城戦（八月二十三日）の前々日にあたる。よって、右記の史料（以下、「福島正則覚書」）は、木曽川渡河作戦（八月二十二日）と岐阜城攻城戦（八月二十三日）に家康方として参戦した諸将の名前と人数が列記されたものであることは明らかである。「福島正則覚書」には宛所の記載はないが、これは関係する諸将に対して一斉に配付したとすれば不自然ではない。

右記の「福島正則覚書」の記載内容をまとめたものが表4である。表4では、右記の「福島正則覚書」に記載された各部将名とその人数（兵力数）のほかに、各部将について、福島正則の組と池田輝政の組の区分、軍役人数を基準に推計した人数（兵力数）、所領がある国、居城、石高などを、作表にあたり補足した。

表4を見ると、岐阜城攻城戦をおこなった家康方諸将は、池田輝政の組の諸将と福島正則の組の諸将に大きく分けられ、池田輝政の組の諸将は東海道外様グループ（堀尾忠氏・山内一豊など東海道筋に居城があり家康に与同した外様の諸将）を中心としているのに対して、福島正則の組の諸将は遠国外様グループ（黒田長政・藤堂高虎など西国の遠隔地に所領がありながらも

表4「(慶長五年)八月二十一日付福島正則覚書」[(注1)](「岡文書」より[(注2)])

部将名	a(人)	b(人)	a－b(人)	所領がある国	居城	石高
A 福島正則	6,500	6,000	500	尾張	清須	20万石
B 池田輝政	6,500	4,560	1,940	三河	吉田	15万2000石
A 細川忠興	2,000	5,100	－3,100	丹後	宮津	17万石
A 加藤嘉明	1,600	3,000	－1,400	伊予	松前	10万石
A 藤堂高虎	1組 1,500	2,100	－600	伊予	板島	7万石
A 黒田長政	1組 1,300	5,460	－4,160	豊前	中津	18万2000石
B 浅野幸長	5,000	6,750	－1,750	甲斐	府中	22万5000石
B 堀尾忠氏	4,000	3,600	400	遠江	浜松	12万石
B 山内一豊	2,600	2,040	560	遠江	掛川	6万8000石
A 京極高知	1,500	4,500	－3,000	信濃	飯田	15万石
B 有馬豊氏	2,200	900	1,300	遠江	横須賀	3万石
B 松下重綱	1,000	480	520	遠江	久野	1万6000石
A 筒井定次	1組 1,000	6,000	－5,000	伊賀	上野	20万石
A 田中吉政	4,000	3,000	1,000	三河	岡崎	10万石
C 西尾光教	400	600	－200	美濃	曽根	2万石
合　計	41,100	54,090				
Aの合計	19,400					
Bの合計	21,300					
Cの合計	400					

【凡例】
A… 福島正則の組（A、Bの区分の根拠については表3参照）。
B… 池田輝政の組（A、Bの区分の根拠については表3参照）。
C… 福島正則の組、池田輝政の組のいずれの組に属したかは不明。
a…「(慶長五年)八月二十一日付福島正則覚書」における人数(兵力数)表記。
b… 1万石につき300人の軍役人数を基準に推計した各部将の人数(兵力数)。

※表4において、A、B、Cの区分、b、a−b、所領がある国、居城、石高、合計、Aの合計、Bの合計、Cの合計は、作表にあたり補足した。

(注1) 8月21日は木曽川渡河作戦の前日にあたる。
(注2)『藤堂高虎関係資料集・補遺』(三重県史資料叢書5、三重県編集・発行、2011年、97〜98頁)。

家康に与同した外様の諸将）を中心としていることがわかる。

遠国外様グループと東海道外様グループの諸将は、この段階では家康と封建的主従関係が成立しておらず、本来は豊臣系大名（豊臣秀吉がこれらの大名の居城地への移封を命じた）であるため、あくまで家康に対して自主的に与同したことになる。

なお、「福島正則覚書」は、岐阜城攻城戦に参戦したすべての部将を網羅しているわけではなく、池田輝政の組に属した池田長吉、一柳直盛、福島正則の組に属した本多俊政、生駒一正、松倉重政、神保相茂などは漏れているが（表3参照）、その理由は不詳である。また、右記の「福島正則覚書」では、藤堂高虎・黒田長政・筒井定次のところには「一組」の表記があるが、その意味するところも不詳である。そのほか、筒井定次の人数は「千五百」の記載部分は「五百」の文字を抹消している。

◈家康方諸将の兵力数の実態

表4の「a」の欄は、右記の「福島正則覚書」における人数（兵力数）である。「b」の欄は、各部将について、一万石につき三〇〇人の軍役人数を基準にした推計の人数（兵力数）である（戦時においては、規定の軍役基準人数よりも多い人数を動員するケースもあるので、この場合、各部将のそれぞれの無役高については考慮せず、単純に表高をもとに推計した）。この基準数値

は、すでに明治二十六年（一八九三）刊行の参謀本部編纂『日本戦史 関原役（本編）』で指摘されているように、島津義弘が慶長五年（一六〇〇）の四月二十七日付で島津義久に出した書状で、家康の上杉討伐の軍役基準について、一〇〇石に三人役としているので（「（慶長五年）四月二十七日付島津義久宛島津義弘書状写」、『鹿児島県史料・旧記雑録後編三』）、それをもとにしている。

表4における「a－b」の欄を見るとわかるように、細川忠興、加藤嘉明、藤堂高虎、黒田長政、浅野幸長、京極高知、筒井定次は軍役規定人数を下回っていることがわかる。特に、細川忠興、加藤嘉明、黒田長政、京極高知、筒井定次は軍役規定人数からするとかなり少ない（軍役規定数の半分以下のケースもある）。

その要因としては、これらの諸将の多くは所領（居城地）が遠隔地なので、上杉討伐の際に連れていった人数がもともと少なく、岐阜城攻城戦においても、当時、上方は敵方である石田・毛利連合政権が押さえていたため、特に細川忠興、加藤嘉明、藤堂高虎、黒田長政は、上方以西の遠隔地の所領から上方を通過して人数の補充・増強をすることが不可能であったということが考えられる。

浅野幸長の居城地は東国の甲斐府中であるが、父の浅野長政は徳川秀忠に従って中山道を進軍したので浅野家中の人数をそちらにも割り振った関係で、浅野幸長は軍役規定人数を下回ったと考えることもできる。

逆に、福島正則、池田輝政、堀尾忠氏、山内一豊、有馬豊氏、松下重綱、田中吉政は軍役規定人数を上回っていることがわかる。その要因としては、これらの諸将は所領が東海道上にあり、上杉討伐中止後、西上する際に所領を通過し、そこで人数を補充・増強して岐阜城攻城戦に参加したため、軍役規定人数より多くの人数を動員できたと考えられる。

このように、岐阜城攻城戦における家康方諸将は、所領が遠隔地にあったため動員人数が軍役規定人数を下回った諸将と、所領が東海道上にあったため動員人数が軍役規定人数を上回った諸将というように二分されていたが、この点はその後の関ヶ原合戦においても同様であったと考えられる。

◈家康方軍勢の合計兵力数

表4における、福島正則の組の諸将（表4のA）の人数（兵力数）の合計は一万九四〇〇人であり、池田輝政の組の諸将（表4のB）の人数の合計は二万一三〇〇人であるので、両組のそれぞれの合計人数はほぼ平均していて大差がないことがわかる。

表4における、すべての部将の人数の合計は四万一一〇〇人であり、上述のように「福島正則覚書」は、岐阜城攻城戦に参戦したすべての部将を網羅しているわけではなく、漏れて

いる部将もいるので、この軍勢の人数がほぼそのまま関ヶ原合戦に展開したとすれば、関ヶ原合戦における家康方軍勢は四万人以上であることは確実であろう。このほかに、関ヶ原合戦では家康が江戸城から出陣して直率（じきそつ）した軍勢の人数が加わることになる。

上述したように、池田輝政の組の諸将（表4のB）の人数の合計が二万一三〇〇人である点については、「吉川広家自筆覚書案」（『大日本古文書』―吉川家文書之二）に、南宮山に対する配置として、池田輝政・一柳直盛以下二万（人）ばかりが差し向け置かれた、としている点と人数の点でほぼ一致する。よって、右記の「福島正則覚書」の記載内容における人数について信憑性があることがわかる。そして、右述したように人数の点でほぼ一致するということは、木曽川渡河作戦（八月二十二日）・岐阜城攻城戦（八月二十三日）において兵力数がそれほど損耗せずに、その後、関ヶ原に布陣したことを示している。

◈福島正則の組の編成

「（慶長五年）八月二十九日付寒河江宛城信茂書状写」（『愛知県史』資料編一三、織豊三）では、八月二十二日の木曽川渡河作戦について、福島正則の手組（てぐみ）一万（人）、黒田長政・加藤嘉明の手組一万五〇〇〇（人）としている。手組とは「部隊の編制」（『日本国語大辞典（第二版）』九巻）を意味するので、この場合、福島正則の手組一万人には福島正則以外の部将の人数（兵力数）も含まれ、黒田長政・加藤嘉明の手組一万五〇〇〇人には黒田長政・加藤嘉明以外の部将の人数も含まれていたと考えるべきであろう。なお、福島正則の手組一万人と黒田長政・加藤嘉明の手組一万五〇〇〇人を合計すると二万五〇〇〇人になり、上述した表4における福島正則の組の諸将（表4のA）の人数の合計一万九四〇〇人よりも五六〇〇人超えてしまうが、「福島正則覚書」には福島正則の組に属した本多俊政、生駒一正、松倉重政、神保相茂などが漏れているので（表3参照）、これらの諸将の人数（兵力数）を加算すると二万五〇〇〇人になるということなのであろう。

右記の「（慶長五年）八月二十九日付寒河江宛城信茂書状写」における記載で注目される点は、福島正則の手組一万人、黒田長政・加藤嘉明の手組一万五〇〇〇人というように、本来の福島正則の組を二つに分けている点である。この編成がそのまま関ヶ原合戦でも展開されたとすると、本来の福島正則の組は、福島正則の手組と黒田長政・加藤嘉明の手組というように二つに分けて石田三成方の諸将と戦ったことになる。このことは、関ヶ原合戦における家康方諸将の布陣を考えるうえで重要な点である。

第三章

小早川秀秋を裏切らせた「問鉄砲」はフィクションである

（二）『日本戦史 関原役（本編）』における「問鉄砲」の記載

◈名場面としての「問鉄砲」

慶長五年（一六〇〇）九月十五日におこなわれた関ヶ原合戦において、徳川家康が命じて小早川秀秋の松尾山の陣所に向けて鉄砲を撃たせたことにより小早川秀秋の軍勢が家康方に寝返ることになった、いわゆる「問鉄砲」の話については、家康方の軍勢の勝利を決定付け、戦局の流れを変えたとされており、従来の通説では〝歴史的事実〟とされてきた。そして、この「問鉄砲」の話は、関ヶ原合戦当日の戦況を考えるうえで、非常にドラマチックな名場面として、巷間にもこれまで広く流布されてきた話である。

しかし、この「問鉄砲」の話は、関ヶ原合戦当日の状況を伝える同時代の一次史料には記載がなく、後世の編纂史料にしか記載が見られないという点のほか、「問鉄砲」の話の内容自体にいろいろなバリエーションがあり、話の内容が一定していないという点も指摘できる。よって、本章では、「問鉄砲」の話の内容について諸史料（編纂史料）の記載内容を検討精査して記載内容の時代的変化に着目するとともに、「問鉄砲」の話が創出された歴史的背景についても論及したい。

なお、「問鉄砲」について、諸史料では、「誘鉄炮」（『関原軍記大成』、『落穂集』）、「誘ひ鉄炮」（『関原軍記大成』）、「さそひ鉄炮」（『改正三河後風土記』、『関原軍記大成』）、「向ヒ鉄炮」（『関ヶ原御合戦当日記』）、「迎鉄砲」（『武徳安民記』）、「問鉄炮」（『五本関原日記』、『濃州関原合戦聞書』、『関ヶ原合戦誌記』）、「問ヒ鉄炮」（『東西記』）というようにいろいろな表記がされているが、本章では便宜上、「問鉄砲」で統一して表記する。

◈『日本戦史』における「問鉄砲」の記載

関ヶ原合戦の戦況について考察する場合、現在の多くの論著では、明治二十六年（一八九三）に初版が刊行された参謀本部編纂『日本戦史　関原役』の記載内容に大きな影響を受けている関係から、まずは『日本戦史　関原役』において「問鉄砲」の事例がどのように記載されているのかを見ることにする。

『日本戦史　関原役』の「本編」と「文書・補伝」については、「本編」では戦況の推移等を記載し、「文書」では附録として、関係する書状などの一次史料を収録し、「補伝」では関係する後世の編纂史料（二次史料）を収録している。

『日本戦史　関原役（本編）』の第五篇第二章における「問鉄砲」の記載（二一〇～二一一頁）は以下のようになる（文章は句読点がないため、引用にあたり、適宜、読点を入れ、読みがなをふった）。

家康ハ十一時頃、更ニ三四丁前進シ諸隊ハ全力ヲ盡シ攻撃シ、日既ニ正午ニ近ツケ𪜈、西軍ノ抗拒激烈ナルカ為メ屢〻退却シ、勝敗未タ知ル可ラス、家康傳令使ニ命シ、長政ノ許ニ至リ、秀秋ノ進退如何ヲ問ハシム、長政曰ク、未タ知ルヿ能ハスト雖モ若シ應セスンハ當面ノ敵ヲ破リテ後、直ニ渠ヲ撃破センノミト、麾下ノ士久保島孫兵衛馳セテ家康ニ告ケテ曰ク、秀秋未タ叛撃ノ色ヲ示サスト、家康手指ヲ噛ミ悔恨シテ曰ク、豎子我ヲ誤ルカト、既ニシテ命シテ曰ク、宜ク誘導ノ銃ヲ放チ其向背ヲ試ム可シト、孫兵衛乃チ前隊ニ抵リ令ヲ傳フ、麾下ノ銃隊長布施孫兵衛、福島ノ銃隊長堀田勘右（ママ）（左カ）衛門ト直ニ其隊ニ命シ、松尾山ニ向ヒ一齊ニ射撃セシムルヿ数發松尾山上ナル秀秋ノ隊ハ初メ霧霽レテ両軍ノ旗幟一進一退スルヲ熟視シツ、肯テ動カス（中略）今東軍我ニ向ツテ銃撃スルヲ見ルヤ、秀秋人ヲ諸隊長ニ遣シ叛撃ノ令ヲ傳へ（後略）

この記載内容をまとめると、以下のようになる。

①正午になっても敵・味方の勝敗は決まらなかったので、家康は使者を黒田長政のもとへ遣わして小早川秀秋の進退の状況を聞いた。

②家康の家臣である久保島孫兵衛が「小早川秀秋はいまだ（石田三成方への）反撃の様子を示し

ていない」と報告した。

③このため家康は、小早川秀秋にだまされたと思い、「誘導の銃（鉄砲）を放って小早川秀秋の向背（家康に従うのか、あるいは、背くのか）を試すように」と命じた。

④そこで久保島孫兵衛は前隊（最前線の部隊という意味か？）へ行き、家康の命を伝えた。

⑤そして、家康の家臣の銃隊長（鉄砲頭という意味か？）布施孫兵衛と福島正則の銃隊長堀田勘右（左ヵ）(ママ)衛門が直ちにその隊に命じて（小早川秀秋の陣所がある）松尾山に向かって一斉に（鉄砲を）数発射撃させた。

⑥松尾山に布陣した小早川秀秋の隊は、当初は動かなかったが、この家康方から銃撃するのを見て、小早川秀秋は（石田三成方への）反撃の命を家臣に対して出した。

◈『日本戦史』における「問鉄砲」の史料典拠

この記載内容は、どのような史料典拠に基づくものなのであろうか。『日本戦史　関原役（補伝）』の「第九十五　家康、秀秋ノ應否ヲ危ミ、長政意ニ介セス」（一六四～一六六頁）には、以下のような記載がある（文章は句読点がないため、引用にあたり、適宜、読点を入れ、読みがなをふった）。

既に此日〇九月十五日も辰の剋〇午前八時九時ゟ軍始り巳午に及べ共、勝敗未だ分らざりしが動れは、関東勢戦地をしざりければ、家康公の家臣久保島孫兵衛、旗本に馳参り、秀秋未だ裏切すべき旗色見え申さずと云ければ、家康公是を聞給ひ、秀秋裏切せざる時は秀元・広家も違変有べきかと彼是心を苦め給ふ、家康公は弱冠の頃より味方危き時は指を噬ませ給ふ癖有しが、此時も頻りに指を嚙み給ひ、倅めに計られて口惜〳〵と云はれけるが、暫有て然らば汝秀秋が陣に向ひ、誘ひ鉄砲を打せて物色を見よ、と有ければ、久保島直に手先に馳帰り、本陣よりの令を傳へければ、家康公鉄砲頭布施孫兵衛、正則の鉄砲頭堀田勘右（ママ）（左カ）衛門両人の鉄砲十挺宛、松尾山へ向ひて、つるべたり〇つるべトハ連發スルヲ云フ（中略）

黒田家譜（ママ）

※右記の文章において、カタカナの読みがなは原文に記されていたものである。

この記載を見ると、前掲の『日本戦史 関原役（本編）』における「問鉄砲」の記載は、『日本戦史 関原役（補伝）』における右記の引用史料の内容を元にしたことがわかる。ただし、『日本戦史 関原役（補伝）』では、この史料を『黒田家譜』から引用したとしているが、この点は誤りであり、『黒田家譜』における「問鉄砲」の記載内容は、『日本戦史 関原役（補伝）』における引用史料の記載内容とは一致しない。実は『日本戦史 関原役（補伝）』における右記の引用史料の記載は、『黒田家譜』ではなく『関原軍記大成』における「問鉄砲」の記載内容とほぼ一致するのである。よって、『日本戦史 関原役（本編）』における「問鉄砲」の記載内容は、『関原軍記大成』の記載をもとに記されたことがわかる。

なお、『関原軍記大成』では、福島正則の鉄砲頭は「堀田勘左衛門」と記されているが、『日本戦史 関原役（本編）』と『日本戦史 関原役（補伝）』では、「堀田勘右衛門」と誤記されており、この点からも『日本戦史 関原役（本編）』における「問鉄砲」の記載が、『日本戦史 関原役（補伝）』における引用史料の内容を元にしたことがわかる。ただし、『日本戦史 関原役（本編）』では、「問鉄砲」の効果により「今東軍我ニ向ツテ銃撃スルヲ見ルヤ、秀秋人ヲ諸隊長ニ遣シ叛撃ノ令ヲ傳ヘ（後略）」としていて、「問鉄砲」の効果がすぐに出た、としているが、この点は『関原軍記大成』の記載とは異なるので（『関原軍記大成』は「問鉄砲」の効果がすぐに出たという記載内容ではない）、「問鉄砲」の効果がすぐに出たとする『徳川実紀』などの記載内容をもとにして記されたと考えられる。

（二）諸史料（編纂史料）における「問鉄砲」の記載

◆編纂史料における「問鉄砲」の記載

「問鉄砲」の記載内容は、関ヶ原合戦当日の状況を伝える同時代の一次史料には記載がなく、後世の編纂史料にしか記載が見られないという点は上述したが、関ヶ原合戦関係のすべての編纂史料に「問鉄砲」の記載が見られるというわけではない。

江戸時代前期に成立した『太田和泉守記 全』（慶長十二年〔一六〇七〕成立）、『慶長年中卜斎記』（寛永年間〔一六二四～一六四四〕頃成立）、『当代記』（元和九年〔一六二三〕頃成立）、『三河物語』（元和八年〔一六二二〕成立、寛永二年〔一六二五〕～同三年〔一六二六〕頃改訂）、『藤堂家覚書』（寛永十八年〔一六四一〕成立）、『慶長記』（慶安元年〔一六四八〕成立）、『関原始末記』（明暦二年〔一六五六〕成立）、『武家事紀』（延宝元年〔一六七三〕成立）といった諸史料には、「問鉄砲」に関する記載はない。

また、江戸時代中期に成立した『関ヶ原御合戦物語』（宝永三年〔一七〇六〕成立）、『武徳編年集成』（元文五年〔一七四〇〕成立）、『北藤録（ほくとうろく）』（宝暦九年〔一七五九〕成立）、『公室年譜略』（安永三年〔一七七四〕成立）といった諸史料にも「問鉄砲」に関する記載はない。

「問鉄砲」に関する記載があるのは、『黒田家譜』（元禄元年〔一六八八〕成立）、『石田軍記』（元禄十一年〔一六九八〕成立）、『関原軍記大成』（正徳三年〔一七一三〕成立）、『改正三河後風土記』（天保四年〔一八三三〕成立）、『朝野旧聞裒藁』（天保十三年〔一八四二〕成立）、『徳川実紀』（天保十四年〔一八四三〕成立）、『高山公実録』（嘉永年間〔一八四八〜一八五四〕成立）、『天元実記』（成立年不明）であり、江戸時代中期〜幕末にかけて成立した編纂史料である。

このように見ると、江戸時代前期に成立した編纂史料には「問鉄砲」に関する記載がなく、江戸時代中期〜幕末にかけて成立した編纂史料に「問鉄砲」に関する記載が見られることがわかる。このことは、「問鉄砲」の話が江戸時代中期に創作されたものであることを強く示唆している。

◈編纂史料の比較検討

「問鉄砲」に関する記載がある江戸時代の編纂史料のうち、『天元実記』と、『天元実記』を引用した『改正三河後風土記』、『徳川実紀』の記載内容を比較すると、以下のようなことがいえる。まず『改正三河後風土記』には、『天元実記』にない話が加えられている。それは、①毛利秀元も内通について違変するかもしれないと家康が言った、②家康が久保島孫兵衛に蘆毛の馬を与えた、③鉄砲をつるべ打ちにした、④「問鉄砲」を受けたあとの小早川秀秋側の対応が詳しく記されている、などである。また、『天元実記』では布施孫兵衛が先手の物頭（ものがしら）であるのに対して、『改正三河後風土記』では鉄砲頭に変わっている。よって、『改正三河後風土記』は『天元実記』を正確に引用したのではなく、記載内容に脚色・追加・変更をしていることがわかる。

『徳川実紀』では、①『天元実記』に出てくる「久保島孫兵衛」が「久留島孫兵衛某」に変わっている、②『天元実記』に出てくる先手の物頭布施孫兵衛の名前の記載が漏れているため、久留島孫兵衛が組の同心を連れていって鉄砲を撃ったことになっている、ということがわかる。よって、『徳川実紀』も『天元実記』を正確に引用したのではなく、記載内容の変更をおこなっている。

◆徳川史観のイデオローグ・成島司直

『改正三河後風土記』では、家康麾下の鉄砲頭布施孫兵衛の隊が単独で鉄砲を撃った、としているが、この点は『天元実記』からの引用に起因している。福島正則隊が単独で松尾山に向けて鉄砲を撃ったとする『黒田家譜』や『石田軍記』をあえて引用せずに、家康麾下の鉄砲頭布施孫兵衛の隊が単独で鉄砲を撃ったとする『天元実記』のみから引用している点に、『改正三河後風土記』の編者の意図を読み取ることができる。

『改正三河後風土記』は幕府の奥儒者（将軍の侍講）・成島司直が天保四年（一八三三）に改撰したものであり、幕府の奥儒者という立場を考慮すると、成島司直は徳川史観のイデオローグであったと見なされる。よって、『改正三河後風土記』において、家康麾下の鉄砲頭布施孫兵衛の隊が単独で鉄砲を撃ったとする記載は、徳川史観の立場から、意図的に『天元実記』の記載を引用したと考えられる。

『天元実記』は著者及び成立年が不明であるが、『改正三河後風土記』（天保四年（一八三三）成立）及び『徳川実紀』（天保十四年（一八四三）成立）に引用されていることから、天保四年以前には成立していたことになる。

『天元実記』は現在、写本が内閣文庫（国立公文書館）にしか所蔵されていない点と、内閣文庫は幕府の紅葉山文庫の所蔵本を継承した点を考慮すると、そもそも『天元実記』についても成島司直が著者である可能性を想定する必要があろう。成島司直は、前掲の『改正三河後風土記』のほかに『徳川実紀』の編者でもあり、『徳川実紀』でも『天元実記』から引用して「問鉄砲」の記載をおこなっている。つまり、成島司直がまず『天元実記』を著し、それを自分がのちに改撰した『改正三河後風土記』と、のちに編纂した『徳川実紀』において引用した可能性が推測できる。

「問鉄砲」に関する記載では、『天元実記』は、『改正三河後風土記』、『徳川実紀』のみに引用されている。つまり、成島司直が編纂（あるいは改撰）した史料のみに引用されているのである。「問鉄砲」に関する他の編纂史料では引用されていない点も、右記の推測を裏付ける傍証になると考えられる。

◆『落穂集』と『天元実記』の関係

『落穂集』、『天元実記』、『改正三河後風土記』、『徳川実紀』における、それぞれの「問鉄砲」に関する記載内容を比較すると、『落穂集』と『天元実記』はほぼ同文であることがわかる。『落穂集』は大道寺友山が著したもので、享保十三年（一七二八）の成立である。『天元実記』は上述のように、著者及び成立年が不明であるが、成島司直が著者である可能性が想定できることと、成島司直の生年が安永七年（一七七八）であることも勘案すると、成島司直が『落穂集』の内容を剽窃したと推測できる。上述のように、「問鉄砲」の記載に関して、『改正三河後風土記』と『徳川実紀』は『天元実記』から引用したことが明記されているものの、『天元実記』と『改正三河後風土記』、『徳川実紀』の記載内容を比較すると、『改正三河後風土記』、『徳川実紀』は、『天元実記』を正確に引用するのではなく、記載内容を変更している箇所があることがわかる。『改正三河後風土記』と『徳川実紀』は、なぜ『天元実記』を正確に引用しなかったのかという理由を推測すると、『落穂集』は広く流布した史料であったため、『天元実記』を正確にそのま

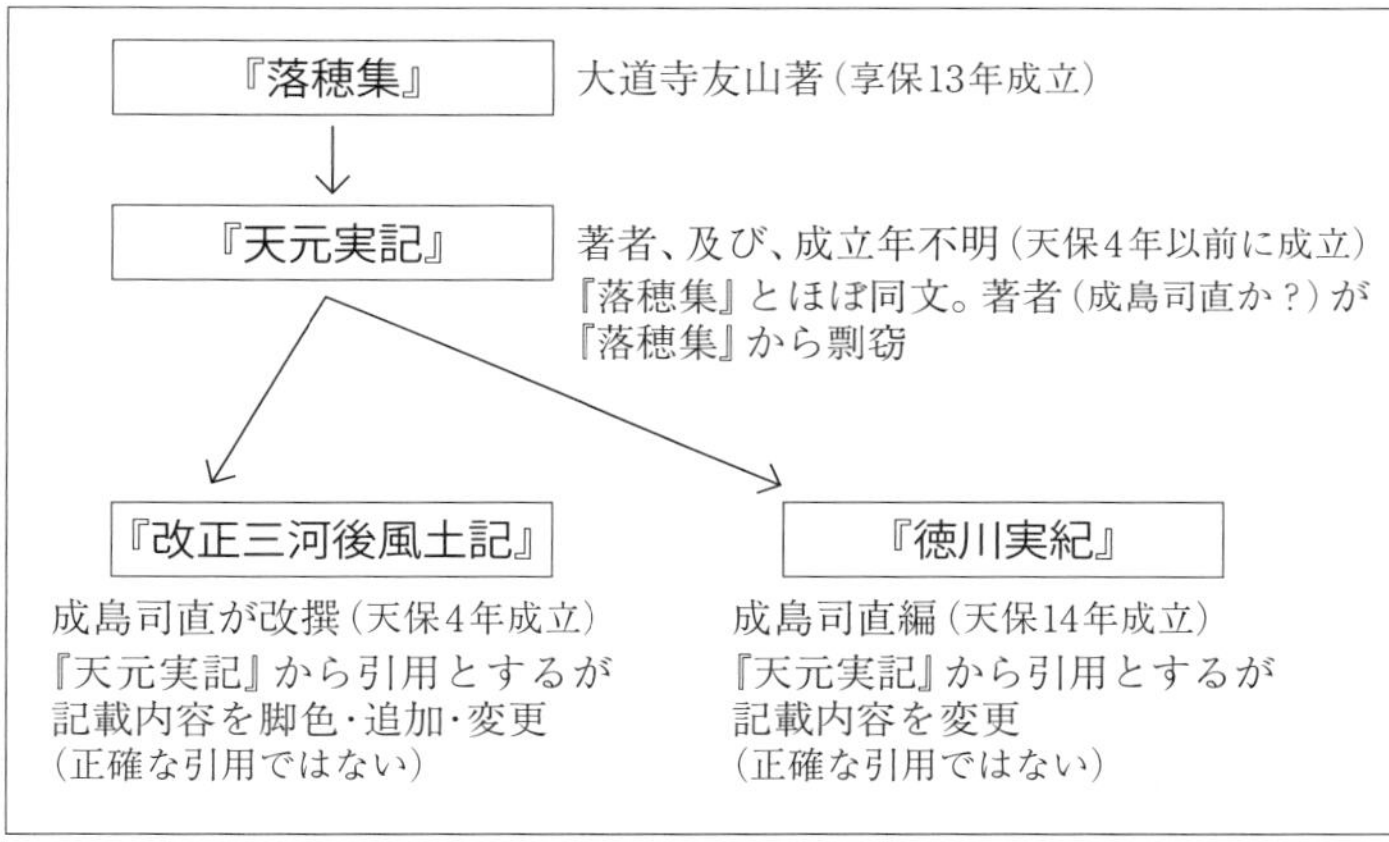
『落穂集』
大道寺友山著（享保13年成立）
『天元実記』
著者、及び、成立年不明（天保4年以前に成立）
『落穂集』とほぼ同文。著者（成島司直か？）が
『落穂集』から剽窃
『改正三河後風土記』
成島司直が改撰（天保4年成立）
『天元実記』から引用とするが
記載内容を脚色・追加・変更
（正確な引用ではない）
『徳川実紀』
成島司直編（天保14年成立）
『天元実記』から引用とするが
記載内容を変更
（正確な引用ではない）

図２「問鉄砲」の話の引用関係についての概念図

ま引用すると、「問鉄砲」の記載に関して『天元実記』が『落穂集』の記載内容を剽窃したことが世間にばれてしまう恐れがあったからと考えられる。

◈『天元実記』から引用した理由

それでは、なぜ『改正三河後風土記』と『徳川実紀』では『落穂集』から引用したと記さず、『天元実記』から引用したと記したのであろうか。『落穂集』は世間に広く流布していたので、内容を改ざんして引用するとそのことがわかってしまうが、『天元実記』は広く流布していなかったので、『天元実記』から引用したことにして、都合のいいように話を脚色・追加しても、そのことが世間一般にはわからなかったというメリットがあったと考えられる。

ちなみに、成島司直が編纂に関与していない幕府官撰の史料集『朝野旧聞裒藁』では、「問鉄砲」に関する綱文、及び、その関係史料の引用においても『天元実記』は引用されていない。よって、『天元実記』は広く流布した史料ではなく、むしろ成島司直のもとに秘匿されていた可能性すら想定できよう。『徳川実紀』の成立は天保十四年（一八四三）であるので、天保期に、徳川史観のイデオローグである幕府の奥儒者・成島司直によって、「問鉄砲」の話が、徳川家康麾下の隊が単独でおこなったこととして、徳川家の正史である『徳川実紀』に収録されたことで、この話の信憑性は高まり、後世に決定的影響力を持つことになったと考えられる。

※上述した『落穂集』、『天元実記』、『改正三河後風土記』、『徳川実紀』における「問鉄砲」の話の引用関係についての概念図を、図2としてまとめた。

（三）「問鉄砲」に関する話のバリエーション

◈「問鉄砲」を撃った主体

小早川秀秋の陣に向けて「問鉄砲」を撃った主体について、関係する江戸時代の編纂史料における記載の変化を時系列でまとめたものが図3である。

寛文期
（江戸時代前期）

藤堂高虎隊単独で撃った
・初見は『井伊家慶長記』（寛文12年写）
・その後の史料
　『貞享奥平美作守書上』（天和3年～貞享元年成立）
　『関ヶ原合戦誌記』（貞享4年成立）
　『寛政重修諸家譜（奥平貞治）』（文化9年成立）
　『聿修録』（文政元年成立）
　『東西記』（成立年不明）

↓

延宝期
（江戸時代前期）

藤堂高虎隊と京極高知隊が共同で撃った
・初見は『本朝武林伝（稲葉）』（延宝7年成立）
・その後の史料
　『武徳安民記』（安永5年成立）
　『別本慶長軍記』（成立年不明）

↓

元禄期
（江戸時代中期）

福島正則隊単独で撃った
・初見は『黒田家譜』（元禄元年成立）
・その後の史料
　『石田軍記』（元禄11年成立）
　『関原物語』（成立年不明）

↓

正徳期
（江戸時代中期）

福島正則隊と家康麾下の布施孫兵衛の隊が共同で撃った
・初見は『関原軍記大成』（正徳3年成立）

↓

享保期
（江戸時代中期）

家康麾下の布施孫兵衛の隊が単独で撃った
・初見は『落穂集』（享保13年成立）
・その後の史料
　『天元実記』（天保4年以前成立）
　『改正三河後風土記』（天保4年成立）
　『徳川実紀』（天保14年成立）

図3「問鉄砲」の主体についての諸史料における記載の変化

図3を見ると、それぞれの説の初見の史料をもとに、その後それぞれの説が派生していったことがわかる。上述のように『日本戦史　関原役(本編)』が『関原軍記大成』の記載内容をもとに、福島正則隊と家康麾下の布施孫兵衛の隊が共同で撃った、とする説をとっているため、今日ではこの説が一般に広く流布しているが、図3を見るとわかるように、史料上に見える最初の説は、藤堂高虎隊が単独で鉄砲を撃ったとする説であり、同様の説をとる史料も多いことがわかる。

図3でわかるように、「問鉄砲」の主体については、いくつものバリエーションが存在する。「問鉄砲」の主体別に分類すると以下のようになる。

A　藤堂高虎隊が単独で撃った。
B　藤堂高虎隊と京極高知隊が共同で撃った。
C　福島正則隊が単独で撃った。
D　福島正則隊と家康麾下の布施孫兵衛の隊が共同で撃った。
E　家康麾下の布施孫兵衛の隊が単独で撃った。

これらのバリエーションが時系列に従って変化していったが(図3参照)、「問鉄砲」の話に関して、これ以外の分類として、以下の項目にも注意する必要がある。

◈黒装束の武者は実在したか

黒装束の武者が家康に対して、小早川秀秋の内応が疑わしい旨の報告をした話が出てくる史料がある。黒装束の武者が家康に報告する、というのはいかにも小説的でドラマチックな設定である。この黒装束の武者、あるいはそれに近いものについての記載があるのは、『黒田家譜』、『石田軍記』、『関原御合戦当日記』、『五本関原日記』、『濃州関原合戦聞書』、『慶長記略抄』、『関原物語』、『石卵餘史』、『関ヶ原合戦誌記』、『武徳安民記』、『関原大條志』である。この中で成立年代（書写年代も含む）が明らかなのは、『黒田家譜』（元禄元年〔一六八八〕成立）、『石田軍記』（元禄十一年〔一六九八〕成立）、『関ヶ原合戦誌記』（貞享四年〔一六八七〕成立）、『武徳安民記』（安永五年〔一七七六〕成立）、『関原大條志』（貞享三年〔一六八六〕写）であるので、初見の史料とそれに続く時代の史料としては貞享期～元禄期の史料にみられる特徴と言えよう。

なお、『朝野旧聞裒藁』（「東照宮御事蹟」第三百九十二）における綱文では、「武者一騎」と記しており、黒装束とは記していない。その理由は、黒装束という形容に対して『朝野旧聞裒藁』の編者が疑問を抱いたからかもしれない。

黒装束の武者が家康の前に登場するというのは、読む者の想像力をかきたてるが、歴史的事実ではない小説的な創作と考えた方がよかろう。

◈白い笠印を付けた足軽は実在したか

松尾山の小早川秀秋の陣に向けて鉄砲を撃った足軽が白い笠印を付けていた、という記載は、『黒田家譜』、『石田軍記』、『関原物語』に見られる。この三つの史料はいずれも、福島正則隊が単独で撃った、としている点が共通している。上述した黒装束の武者は、この三つの史料にいずれも出ている。黒と白という絶妙のコントラストで読む者に強く印象付けるが、これも歴史的事実ではなく小説的な創作と考えた方がよかろう。

◈「問鉄砲」を撃ったのは二〇人か、五〇人か

「問鉄砲」を撃った足軽の人数について、二〇人（あるいは、鉄砲二〇挺）とするのが『黒田家譜』（福島正則隊）、『関原軍記大成』（福島正則隊と家康麾下の布施孫兵衛の隊）、『改正三河後風土記』（異説扱いとして、福島正則隊と家康麾下の布施孫兵衛の隊）、『井伊家慶長記』（藤堂高虎隊）であり、五〇人とするのが『石田軍記』（福島正則隊）、『関原物語』（福島正則隊）である。よって、二〇人とする史料の方が多いが、鉄砲を撃ったのがどの隊であるのか、という点は、史料により違いがある。

◈「問鉄砲」は空砲だったのか

「問鉄砲」は空砲だったとする史料は、『石田軍記』（福島正則隊）、『井伊家慶長記』（藤堂高虎隊）、『関原物語』（福島正則隊）のみであり、史料の数としては多くない。史料の成立年（書写年代も含む）で見ると、『石田軍記』（元禄十一年〔一六九八〕成立）、『井伊家慶長記』（寛文十二年〔一六七二〕写）、『関原物語』（元禄九年〔一六九六〕写）というように寛文期、元禄期であり、江戸時代前期・中期の史料ということになる。

なお、『石田軍記』、『井伊家慶長記』では、空砲であったためなのか、小早川秀秋の陣に対して「問鉄砲」の効果は全くなかった、としている点は注目される。「問鉄砲」の影響の有無についての詳しい考察は後述する。

◈つるべ撃ちをおこなったかどうか

松尾山に向けて鉄砲をつるべ撃ちにしたとする史料は、『黒田家譜』、『関原軍記大成』、『改正三河後風土記』、『関原物語』である。このうち『黒田家譜』は二回つるべ撃ちにした、と記している。『関原軍記大成』は一〇挺ずつをつるべ撃ちにした、と記しているので、この場合も二回つるべ撃ちをしたことになる。

このように、つるべ撃ちをおこなったとする史料は元禄期以降の史料であり、多くの史料ではないので、「問鉄砲」を勇壮におこなった、という印象を読者に与えるための後世の脚色であり、小説的な創作と考えた方がよかろう。

※「つるべうち（連打）」とは「鉄砲などをうつ時、多くの打ち手が立ち並んで順次に休みなくうち出すこと。つづけうち。連発。」（『日本国語大辞典（第二版）』九巻）を意味する。

◈久保島孫兵衛は実在の人物か

家康に対して、小早川秀秋の内応（内通）が疑わしい旨の報告をした人物を久保島孫兵衛とする史料は、『関原軍記大成』、『改正三河後風土記』、『落穂集』、『天元実記』であり、『黒田家譜』は異説として掲げている。『徳川実紀』は「久留島孫兵衛某」としている。この中で史料の成立年が最も早いのは元禄元年（一六八八）の『黒田家譜』である。なお、久保島孫兵衛について、『関原軍記大成』、『黒田家譜』は家康の御家人としている。

『朝野旧聞裒藁』（「東照宮御事蹟」第三百九十二）の綱文では、『寛永譜』（『寛永諸家系図伝』）・『貞享書上（じょうきょうかきあげ）』をはじめとして諸記録すべてに「久保島」という者の記載がないので（久保島孫兵衛の存在は）疑わしい、と考定して、そのため今回はこれらの（諸史料）の見解にはすべて従わない、としている点は、史料批判という観点から評価できる。

久保島孫兵衛については、『寛政重修諸家譜』にも記載がないので（久留島孫兵衛についても『寛政重修諸家譜』には記載がない）、江戸時代中期（元禄期頃）になって創作された架空の人物であると断定してよかろう。久保島孫兵衛が、もし実在の人物であるならば、このような重大な局面で重要な役割を果たしたわけであるから、家譜などの諸記録が残らないということはあり得ないであろう。

◈布施孫兵衛と堀田勘左衛門は実在の人物か

松尾山の小早川秀秋の陣に向けて鉄砲を撃った隊の鉄砲頭として、布施孫兵衛（家康麾下）と堀田勘左衛門（福島隊）について記している史料は、『黒田家譜』（異説として掲げる）、『関原軍記大成』、『改正三河後風土記』（堀田勘左衛門については異説として掲げる）、『落穂集』、『天元実記』（布施孫兵衛のみを記す）であり、史料の数としては多くない。

布施孫兵衛について、『黒田家譜』では（家康の）本陣から（来た）とし、『関原軍記大成』（国史叢書）では家康の弓長とし、『関原軍記大成』（『朝野旧聞裒藁』、「東照宮御事蹟」第三百九十二、所収）では家康の銃頭とし、『改正三河後風土記』では（家康の）鉄砲頭とし、『落穂集』、『天元実記』では（家康の）先手の物頭としている。このように史料によって一定しないが、現場で家康麾下の鉄砲隊を指揮したのであるから、本来であれば鉄砲頭でなければならないことになる。

それでは、布施孫兵衛というのは実在した人物なのであろうか。『寛政重修諸家譜』、『寛永諸家系図伝』には、布施重次（布施孫兵衛）として記載があるので、実在の人物であることは確かである。『寛政重修諸家譜』では、布施重次について、関ヶ原合戦に供奉し、慶長六年（一六〇一）に弓頭になり同心一〇人を預けられた、とあるので、布施重次が弓頭になったのは関ヶ原合戦の翌年であったことがわかる。しかし、『寛政重修諸家譜（布施重次）』には「問鉄砲」に関する記載はなく、「問鉄砲」の話が歴史的事実であれば、このような重要な役割を果たしたことが当然載せられたはずであろう。このように考えると、慶長五年（一六〇〇）の時点で鉄砲頭ではなく、鉄砲隊を指揮する立場にはなかった布施孫兵衛が鉄砲隊を指揮して「問鉄砲」を撃たせた、とする話自体に疑義が生じることになる。

堀田勘左衛門について、『黒田家譜』、『関原軍記大成』では福島正則の鉄砲頭とし、『改正三河後風土記』では福島正則の物頭としている。「問鉄砲」を撃つことを指揮したのであれば、福島正則の鉄砲頭が正しいはずである。

それでは、福島正則の家臣で鉄砲頭をしている堀田勘左衛門という人物は実在したのであろうか。慶長五年（一六〇〇）の史料ではないが、「福島忠勝大坂陣備人数帳」（慶長十九年〔一六一四〕十一月六日付）（『広島県史』近世史料編Ⅱ）には、三二〇石で「堀田勘右衛門」という人物の記載があり、「福島正則分限帳」（慶長末年〔一六一四〕成立）（『広島県史』近世史料編Ⅱ）には、三一一石八斗で「堀田勘右衛門」という人物の記載がある。しかし、これらの史料には鉄砲頭という記載はなく、名前も「勘左衛門」と「勘右衛門」という違いがあり、同一人物かどうかわからない。よって、堀田勘左衛門が福島正則の家臣であり、慶長五年の時点でその鉄砲頭をしていた、とする一次史料はなく、そのことを史料的に確定させることはできない。

◈「問鉄砲」の効果はすぐにあったのか

上述のように、現在では『日本戦史 関原役（本編）』における「問鉄砲」の記載内容が有名になっている関係上、「問鉄砲」の効果がすぐにあったとするイメージが強いが、諸史料における「問鉄砲」の記載内容を検討すると、「問鉄砲」の効果が全くなかった、としている史料も多いことがわかる。

「問鉄砲」の効果が全くなかったとする史料は、『井伊家慶長記』（寛文十二年〔一六七二〕写）、『関原大條志』（貞享三年〔一六八六〕写）、『関ヶ原合戦誌記』（貞享四年〔一六八七〕成立）、『黒田家譜』（元禄元年〔一六八八〕成立）、『石田軍記』（元禄十一年〔一六九八〕成立）、『濃州関原合戦聞書』（成立年不明）である。

それに対して、「問鉄砲」の効果があったとする史料は、『本朝武林伝（稲葉）』（延宝七年〔一六七九〕成立）、『関原物語』、（元禄九年〔一六九六〕写）、『落穂集』（享保十三年〔一七二八〕成立）、

『天元実記』（天保四年〔一八三三〕以前に成立）、『聿修録』（文政元年〔一八一八〕成立）、『改正三河後風土記』（天保四年〔一八三三〕成立）、『徳川実紀』（天保十四年〔一八四三〕成立）である。

『関原軍記大成』（正徳三年〔一七一三〕成立）には、「問鉄砲」の効果について、「こうして平岡頼勝・稲葉正成は、誘ひ鉄砲に驚いたのか、または、時刻を計ったのか、急に小早川秀秋の軍使を呼んで裏切りすべき内通があった」と記されていて、あいまいな記載になっている。

このように見ると、江戸時代前期（寛文期、貞享期）とその少しあとの元禄期の史料では「問鉄砲」の効果が全くなかったとしている点は注目される。「問鉄砲」の効果があったとする、延宝期の史料である『本朝武林伝（稲葉）』でも、「しきりに小早川秀秋の軍勢が周章した」と記されているだけで、すぐに松尾山を駆け降りた、とは記されていない。

その後、「問鉄砲」の効果があって、すぐに小早川秀秋の軍勢が松尾山を駆け降りた、というように話を改変したのが、江戸時代中期（享保期）の『落穂集』（享保十三年〔一七二八〕成立）であり、この改変された話はそれ以降、文政期、天保期の史料に継承されていった。特に『徳川実紀』（天保十四年〔一八四三〕成立）でこの改変された話を採用したことは、「問鉄砲」が抜群に効果を発揮した、という見方を後世に喧伝するのに大きな影響力を持った。

(四)「問鉄砲」の話が創作された歴史的背景

◈「問鉄砲」の話のプロトタイプ

管見では、「問鉄砲」に関する記載が最初に出てくるのは、江戸時代前期の寛文十二年(一六七二)写の『井伊家慶長記』である(図3参照)。江戸時代初期から前期に該当する慶長期、元和期、寛永期、慶安期、明暦期の諸史料には「問鉄砲」に関する記載はなく、その後の寛文期の『井伊家慶長記』に「問鉄砲」の記載が出てくることから、寛文期あるいはそれ以前の近い時期に、歴史的事実ではない「問鉄砲」に関する話が創作された、と考えられる。

『井伊家慶長記』は寛文十二年写であるが、寛文十二年は西暦では一六七二年であり、一六〇〇年の関ヶ原合戦からすでに七〇年以上が経過している。リアルタイムでの関ヶ原合戦の記憶が人々から薄れていく中で、「問鉄砲」に関する話が創作されたとしても、その話の内容を否定する関ヶ原合戦を実戦で経験した世代は、この時にはほぼ存命していなかったのであろう。

『井伊家慶長記』の記載内容は、福島正則が藤堂高虎に合戦を始める時節について聞いたことに対して、高虎は手立てがある、と述べて自分の陣に帰り、高虎が麾下の鉄砲の者二〇人ばかりを連れて小早川秀秋の陣に向けて空砲を撃たせたが、小早川秀秋の陣は少しも騒がず、一向に敵陣を見おろすだけであった、というものである。この結果に対して、藤堂高虎は、小早川秀秋の心底は疑いない（家康方である藤堂高虎隊からの発砲に対して、小早川隊が反撃してこないので、家康方に寝返ることは確実であると高虎が理解した、という意味か？）、と述べたとしている。

この記載内容を見るとわかるように、藤堂高虎は自主的に麾下の者に鉄砲を撃たせたのであり、しかもそれは空砲であった、としている。そして、この空砲に対して小早川秀秋の陣では全く騒がず敵陣を見おろすだけであった、としている。つまり、藤堂高虎は家康の命を受けて鉄砲（空砲）を撃たせたのではないという点、藤堂高虎隊が単独で鉄砲（空砲）を撃ったとしている点、鉄砲（空砲）を撃たせた効果が全くなかったという点は注目される。

「問鉄砲」に関する話のプロトタイプはこうした内容であり、それほど劇的な展開を見せる内容ではなく、現在広く流布している「問鉄砲」の話の内容とは大きく異なっている点に注目する必要がある。

家康の命について記載がない点は、『貞享書上（奥平美作守）』も『井伊家慶長記』と同じであり、江戸時代前期に成立（書写も含む）した『井伊家慶長記』（寛文十二年〔一六七二〕写）、『貞享書上（奥平美作守）』（天和三年〔一六八三〕～貞享元年〔一六八四〕成立）において家康の命について記載がないことは注目される。なお、『本朝武林伝（稲葉）』（延宝七年〔一六七九〕成立）には家康の命について記載があるので、家康の命というのは当初の「問鉄砲」の話にはなく、あとで付加されたものであることがわかる。

◈『落穂集』による「問鉄砲」の話の改変

その後、江戸時代中期（享保期）の『落穂集』から、家康が命じて家康麾下の布施孫兵衛の隊が単独で小早川秀秋の陣に向けて鉄砲を撃った、という話に改変され、その効果についても、家康の考え通りに、小早川秀秋の軍勢がそれより色めき立って麓へ下った、というように改変された。

『落穂集』は軍学者である大道寺友山が晩年（享保十三年〔一七二八〕）に著したものである。大道寺友山は生年が寛永十六年（一六三九）、没年が享保十五年（一七三〇）であるので、関ヶ原合戦があった慶長五年（一六〇〇）の時点では生まれていなかった。大道寺友山が軍学者として会津松平家、越前松平家に仕えていたことや、家康の逸話集である『岩淵夜話』を著していることなど（『国史大辞典』八巻）を考慮すると、当時（享保期）神格化されていた家康に対する畏敬（いけい）の念やノスタルジアから「問鉄砲」に関する話を家康中心の話（家康の英雄譚（たん）の一つ）に改変したと推測できる。

その後、江戸時代後期（天保期）になって『徳川実紀』（天保十四年〔一八四三〕成立）に、「問鉄砲」についての改変された話（『落穂集』で改変された話とほぼ同文の話を載せた『天元実記』から引用）が採用されて（図2参照）、家康の命により実行された「問鉄砲」が小早川秀秋の裏切りを誘発することに抜群の効果を発揮した、という話が広く後世まで認知され、今日まで定着することになった。

◆『徳川実紀』に「問鉄砲」の話を収録

『徳川実紀』の編者は幕府の奥儒者・成島司直であり、徳川史観のイデオローグであったと見なされる。『徳川実紀』は、文字通り徳川家の正史であり、成島司直は家康の事績の一つとして、「問鉄砲」に関する改変された話を『徳川実紀』に挿入して、家康の虚像（英雄像）を作り上げようとした、と考えられる。

この「問鉄砲」に関して改変された話を、成島司直が『徳川実紀』に挿入した狙いは、①家康は大乱戦の戦況の中にあっても常に冷静な判断をして、しかもその判断が抜群の効果を発揮した、②このように家康は何でもお見通しであり、極限の状態でも神がかり的な判断力を示した、③関ヶ原合戦において、家康は常

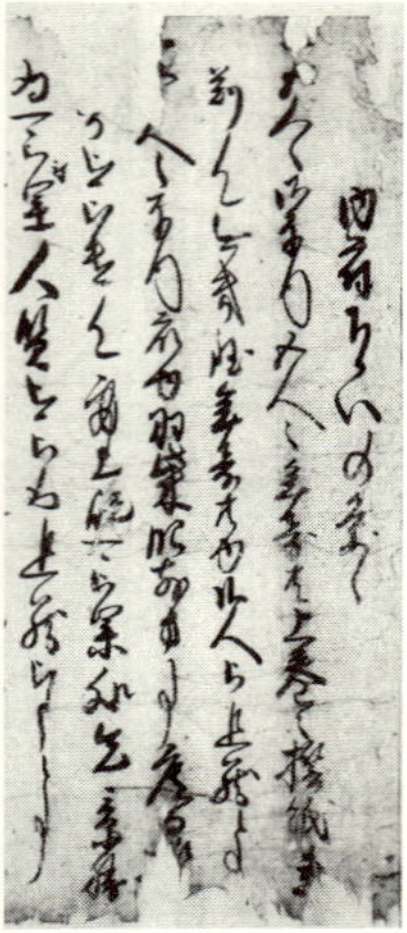

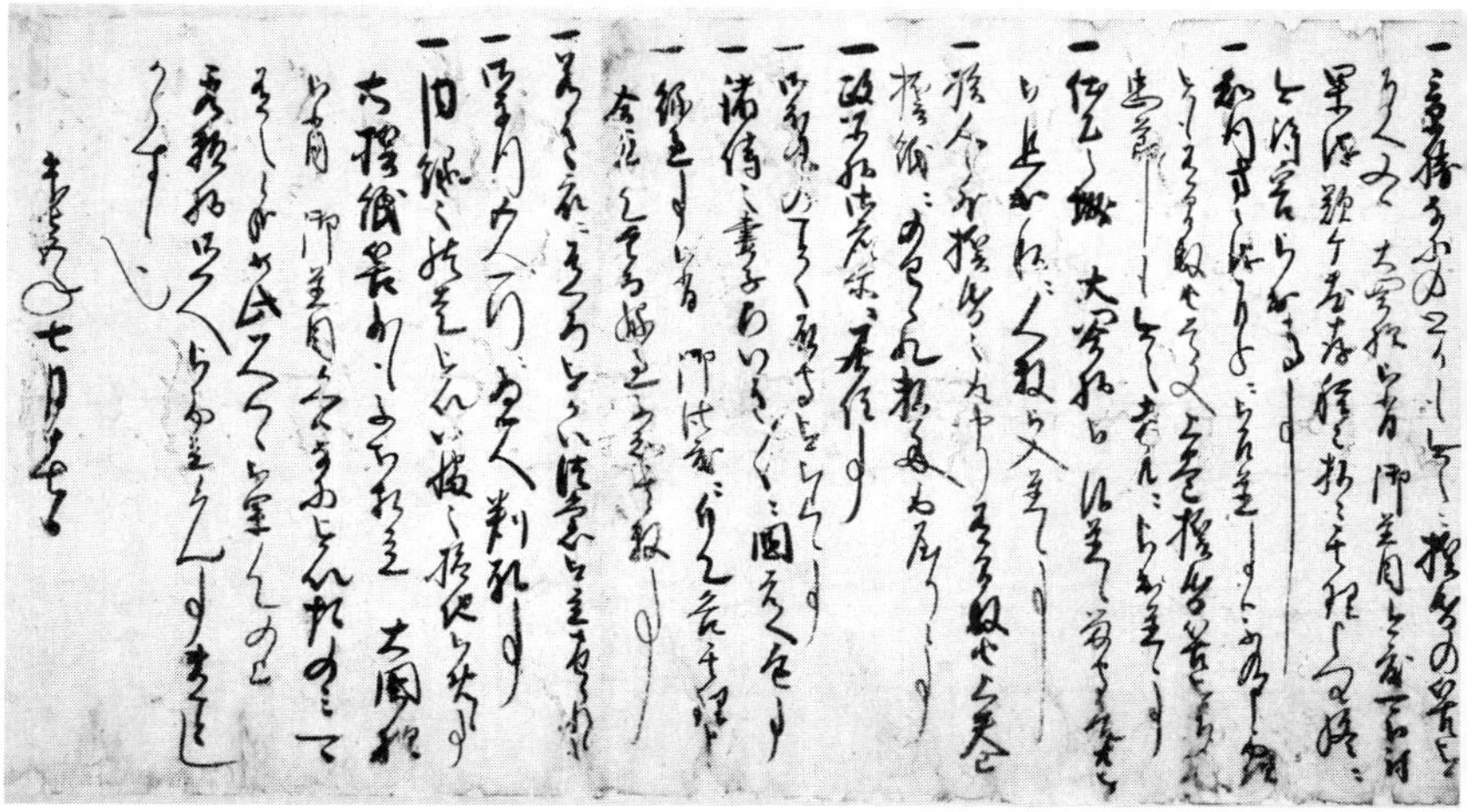

内府ちかひの条々（大坂歴史博物館蔵）

に軍事的主導権を握っていた、などの点を印象付けて、家康神話を創出しようとしたのであろう。

実際には、慶長五年（一六〇〇）七月十七日に三奉行（長束(なつか)正家・増田(ました)長盛・前田玄以）が「内府ちかひの条々」を出したことにより、家康は公儀から排除され、豊臣秀頼への反逆者と見なされ、軍事指揮権を剥奪(はくだつ)（封殺(ふうさつ)）された状況にあった。そして、関ヶ原合戦において、活躍して勝因をつくったのは福島正則や黒田長政など前線で戦った豊臣系諸将であり、家康はそうした豊臣系諸将の活躍に便乗して勝利したにすぎなかった。つまり、家康自身の軍事指揮権は上述のように剥奪されていたため、関ヶ原合戦（本戦）では、その軍事力の中核を家康に味方した豊臣系諸将の戦力に頼らざるを得なかったのである。

関ヶ原合戦において家康が置かれたこうした現状と乖離する形で、後世、江戸時代後期（天保期）に徳川史観のイデオローグである成島司直により、上述のような「問鉄砲」に関する家康神話が創出されたのである。徳川史観（徳川家、すなわち江戸幕府による政治支配が歴史的に見て正統なものであるとする歴史観）が形成される上で、関ヶ原合戦は家康にとって正義の戦いでなければならなかったわけであり、家康は常に軍事的主導権を掌握していて、家康の狙い通りに大勝利したというストーリーが必要であったのである。ただし、その点は歴史的事実とは大きく異っていることは注意すべきである。

◆徳川史観正当化の方法

その徳川史観を一般にわかりやすく受容させるため、歴史的事実ではない家康の英雄譚の一つである「問鉄砲」に関するストーリーを捏造して広く流布させることは、最も簡便な徳川史観正当化の洗脳方法であり、プロパガンダであったと考えられる。この点にこそ徳川史観のイデオローグである成島司直のねらいがあったのであろうし、その目的は達成されたと評価できよう。

例えば、本書の序章で述べたように、江戸時代後期（十九世紀）に作成された福岡市博物館所蔵「関ヶ原戦陣図屛風」の右隻に有名な「問鉄砲」のシーンが描かれていることは（口絵参照）、「問鉄砲」に関するストーリーが江戸時代後期には広く流布していたことを示している。

なお、「問鉄砲」の話が歴史的事実ではなかったという点は、本書の第一章ですでに述べたように、実際には小早川秀秋が開戦と同時に裏切ったことからも明らかである。つまり、小早川秀秋は昼の十二時頃まで戦況を見て動かなかったという通説は、単に軍記物によって創作された話に依拠したものであり、歴史的事実ではないことから、「問鉄砲」の話自体が歴史的事実としては成立し得ないのである。

第四章　『日本戦史』の布陣図に歴史的根拠はない

（一）『日本戦史』の布陣図に渦巻く数々の疑問

◈超有名な『日本戦史』の布陣図

関ヶ原合戦の布陣図に関しては、参謀本部編纂『日本戦史 関原役（附表・附図）』（明治二十六年（一八九三）初版刊行）収載の「關原本戰之圖」（以下、『日本戦史』図と略称する。『日本戦史』図については図4参照。『日本戦史』図に記載された徳川家康方の部将名については表5参照）が著名であり、これまで関ヶ原合戦関係の書籍などに掲載された関ヶ原合戦の布陣図は、『日本戦史』図を踏襲し、そのままトレースした図か、あるいは、一部修正した図を使用してきたものがほとんどである。このように、今日まで『日本戦史』図については、少しも史料批判されることがないまま関係書籍などに無批判に引用されてきた。

しかし、後述のように、『日本戦史』図は、参謀本部編纂『日本戦史 関原役（本編）』における慶長五年（一六〇〇）九月十五日当日の戦況に関する本文の記載内容と矛盾する箇所があるほか、『日本戦史』図の記載内容自体にも疑問点が多々ある。『日本戦史』図の記載内容に史料批判を加える場合、江戸時代に流布した関ヶ原合戦の布陣図との比較検討が必要不可欠である。よって、本章では、①『日本戦史』図の記載内容に対する史料批判、②江戸時代に流布した関ヶ原合戦の各種の布陣図の内容検討と『日本戦史』図との比較検討、などの考察を中心におこなうこととする。

上述のように、『日本戦史』図は現在非常に著名になっているため、関ヶ原合戦関係の書籍などで示される布陣図は『日本戦史』図をほぼ踏襲したものであり、金科玉条（きんかぎょくじょう）のごとくに墨守（ぼくしゅ）されてきたといっても過言ではない。

◈『日本戦史』の布陣図に対する数々の疑問点

しかし、『日本戦史』図の内容には、特に家康方の諸将の布陣に関して以下のような数々の疑問点、及び、参謀本部編纂『日本戦史　関原役（本編）』の本文の記載内容との矛盾点が指摘できる。ちなみに、『日本戦史』図には「此図ハ慶長五年九月十五日午前八時前後東西両軍ノ位置ヲ示ス」という注記があり、戦闘開始時（午前八時頃）の時間を基準にした両軍の布陣であることがわかる。

※『日本戦史　関原役（本編）』（二〇六頁）では開戦時刻を午前八時頃とするが、この時刻についての批判は、本書の第一章を参照されたい。

まず、『日本戦史』図の記載内容に関する疑問点を以下に列記する。

（北）

（西）

（東）

（南）

図４『日本戦史』の図 両軍が布陣した南宮山付近（「關原本戰之圖」部分）

※参謀本部編纂『日本戦史 関原役（附表・附図）』（明治26年〔1893〕初版刊行）に収載の「關原本戰之圖」より引用。国立国会図書館近代デジタルライブラリーより転載した。この図は大きいので、両軍が布陣した前線付近と南宮山付近について、それぞれ縮小して示した。便宜上、東西南北の方位を図の枠外に入れた。

（西）

（南）

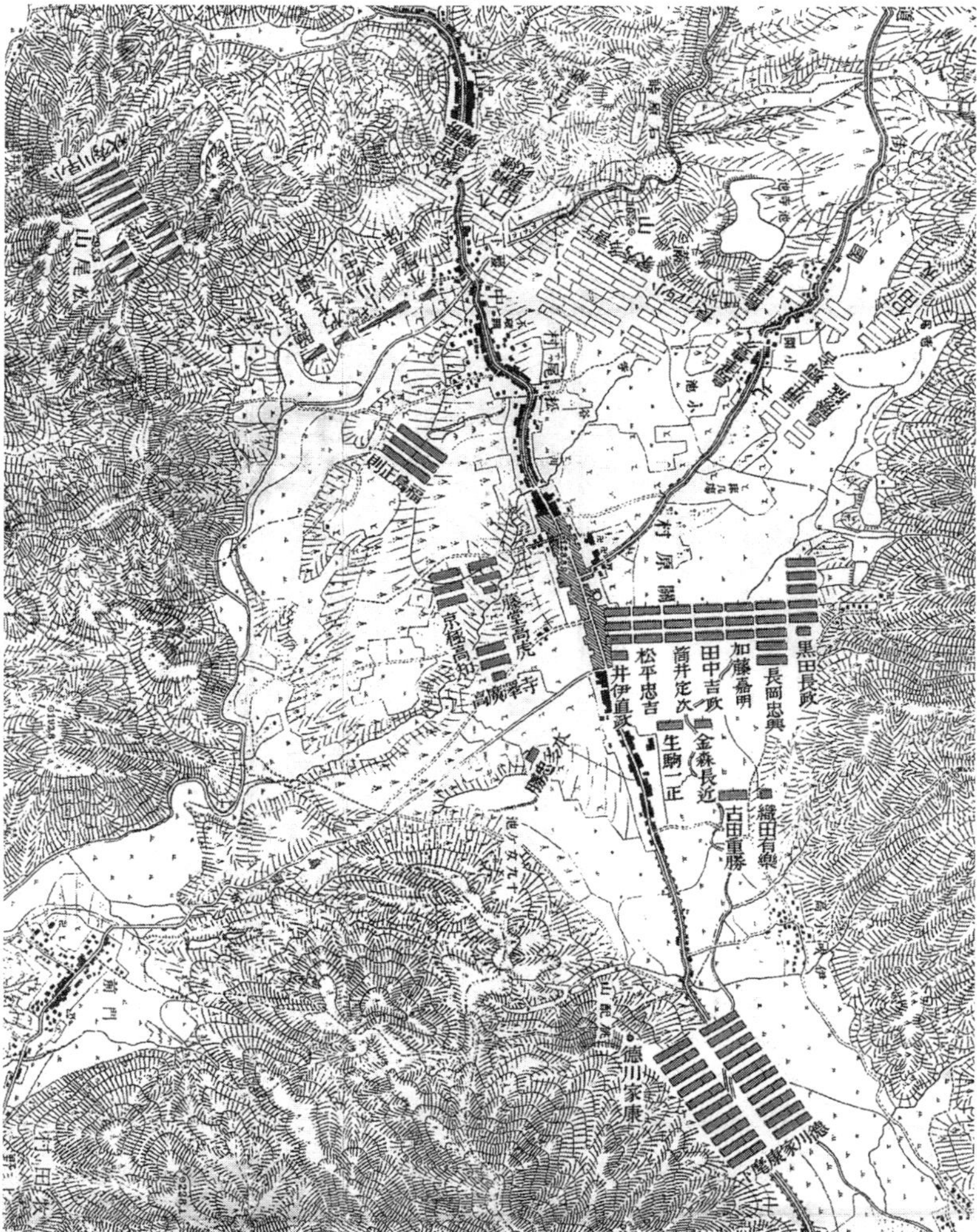

（北）

（東）

図４『日本戦史』の図 両軍が布陣した前線付近（「關原本戰之圖」部分）

表5 『高山公実録』、『武家事紀』、『日本戦史 関原役』収載の布陣図に記載された家康方部将名の比較

布陣図に記載された部将名	『高山公実録』収載の布陣図（A類）	『武家事紀』収載の布陣図（B類）	『日本戦史関原役』収載の布陣図（『日本戦史』図）
福島正則	○ ① 最 ▲	○ 最	○ 最
田中吉政	○ ① 最	○	○ 最
藤堂高虎	○ ① 最 ▲	○ 最	○ 最
京極高知	○ ① 最 ▲	○ 最	○ 最
蜂須賀至鎮	×	○ 最（注1）	×
有馬豊氏	○ ① 最 ▲	○ 野	×
山内一豊	○ ① 最 ▲	○ 野	○ 南
黒田長政	○ ② 最 ▲	○ 最	○ 最
竹中重門	○ ② 最	○ 最	×
加藤貞泰	×	○ 最	×
加藤嘉明	○ ② 最 ▲	○	○ 最
金森長近	○ ② 最 ▲	○	○
細川忠興	○ ② 最 ▲（注2）	○（注3）	○ 最
織田長益（有楽）	○ ② 最	○ 野	○
古田重勝	×	×	○
松倉重政	○ ② 最	×	×
寺沢広高	×	○ 野	○

【凡例】

① …… 一番備え、② …… 二番備え、③ …… 三番備え

▲ …… 家康の岡山本陣（勝山本陣）の周辺に布陣した諸将として名前が記されているもの（9月14日の在陣状況を指すと考えられる）。

最 …… 最前線に布陣した諸将。

大 …… 大垣城への寄せ手。

野 …… 野上村に布陣。野上村は位置的には、家康本陣の桃配山より後方（東方）になる。

南 …… 南宮山の毛利秀元などの軍勢への牽制として垂井町に布陣した。

金 …… 金谷（金屋）河原（南宮山の南東）に布陣して、南宮山から退却した長束正家、安国寺恵瓊の軍勢を追撃した。この図（『武家事紀』収載の布陣図）では栗原村の横に3人の名前が記されている。

留 …… 家康の岡山本陣（勝山本陣）の留守居。

生駒一正	×	○野	○
松平忠吉	○③	○最	○最
井伊直政	○③	○最	○最
本多忠勝	○③	○最	○
徳川家康	○	○	○
池田輝政	×▲	○南	○南
池田長吉	×	○南	×
浅野幸長	×▲	○南	○南
有馬則頼	×	×	○南
徳永寿昌	×	○金	×
市橋長勝	×	○金	×
横井時泰	×	○金	×
西尾光教	×	○大	×
津軽為信	×	○大（注4）	×
水野勝成	○大	○大	×
水野宗十郎	○大	×	×
松平（戸田）康長	○大	○大	×
一柳直盛	×	○（注5）	×
中村一栄	×▲	×	×
堀尾忠氏	×▲	○留	×
筒井定次	×	○留	○最

（注1）「蜂須賀阿波守」と記載されているが、蜂須賀至鎮が阿波守に叙任するのは慶長9年である。

（注2）家康の岡山本陣（勝山本陣）の周辺に布陣した部将として、「長谷（ママ）越中守」という記載があるが、これは「長岡越中守」の誤記と考えられる。

（注3）「細川越中守」と記載されているが、慶長5年当時の忠興の名字は「長岡」あるいは「羽柴」であり、「細川」に復したのは元和元年12月24日である。

（注4）津軽為信の関ヶ原参陣については疑義を指摘する説もある。

（注5）城（長松城）のところに「一柳監物陣所」と記載されている。

①通説では井伊直政は福島正則隊の脇を抜け駆けしたことになっているが、『日本戦史』図では、福島正則と井伊直政・松平忠吉は距離的にかなり離れて布陣している。よって、『日本戦史』図では、松平忠吉・井伊直政は、筒井定次の横に位置しているが、本来は福島正則の横に位置しなければならないはずである。

②『日本戦史』図では、藤堂高虎・京極高知の前に、両者の進路をふさぐように福島正則が斜めに位置して布陣しているが、現実問題としてこのような布陣が可能かどうか疑問がある。

③『日本戦史』図では、福島正則が他の諸将から離れて単独で飛び出して布陣している。これは福島正則が先鋒であったことを強調する狙いがあったのかも知れないが、後述するように、江戸時代に流布した関ヶ原合戦の布陣図と比較すると、このように福島正則だけが単独で飛び出して布陣する陣形には違和感が感じられる。また、福島正則の布陣の陣形が極端に斜めになっている点にも疑問がある。これは、斜めの陣形で布陣している宇喜多秀家と正対(せいたい)させるためにこのように描いたと考えられるが、現実にこのような斜めの陣形で布陣すること自体が可能であるのか疑問である。

④『日本戦史』図では、織田有楽の横に古田重勝(しげかつ)が位置しているが、これは古田重然(しげなり)(古田織部(おりべ))の間違いであると考えられる。古田重勝はこの時点では、家康方として居城の松坂城(伊

勢国）に籠城していたため関ヶ原合戦（本戦）には参戦していない。なお、『日本戦史』図を踏襲した関ヶ原合戦関係書籍などの布陣図では、現在でも古田重然は古田重勝として間違えたまま引用されている。後述するように、古田重勝は、江戸時代に流布した関ヶ原合戦の布陣図には一切出てこないので、『日本戦史』図独自の間違いであると考えられる。

⑤『日本戦史』図では、家康方の竹中重門の記載がないほか、家康方の中小の領主の軍勢である寄合衆の個々の名前の記載もないので（寄合衆で記載があるのは織田有楽のみである）、家康方の諸将の名前を網羅しているわけではない。

⑥『日本戦史』図では、藤堂高虎・京極高知の後方に、寺沢広高が位置しているが、一次史料では寺沢広高の関ヶ原合戦（本戦）への参戦は確認できない。

⑦『日本戦史』図では、家康本隊は「徳川家康麾下」として記されているのみで、家康本隊の個々の名前（旗本後備えの本多成重、大須賀忠政など）は記されていない。つまり、『日本戦史』図には、徳川の部将名が井伊直政、本多忠勝、松平忠吉の三名以外に記載がなく、家康本隊の個々の名前はわからない。

⑧『日本戦史』図では、金森長近・生駒一正・織田有楽・古田重勝（ママ）（古田重勝は上述のように間違いなので古田重然と考えた場合）は、それぞれ中途半端な後方の位置に置かれているが、江戸時代に流布した関ヶ原合戦の布陣図と比較した場合、このような位置に布陣するの

は不自然である。

⑨『日本戦史』図では、筒井定次を田中吉政の横に置き、最前線に布陣したように描くが、筒井定次は堀尾忠氏とともに、家康の岡山本陣（勝山本陣）の留守を守ったとする史料（『関ヶ原御合戦物語』）や江戸時代に流布した関ヶ原合戦の布陣図（『武家事紀』収載の布陣図）もあり、筒井定次が最前線で戦ったことは確定できない。

⑩『日本戦史』図では、本多忠勝は味方の家康方諸将からやや離れて、単独で斜めに位置して布陣している。本多忠勝が斜めに位置して布陣している向きは、敵対する石田三成などの諸将に対する向きではなく、かなり離れた松尾山に布陣している小早川秀秋の方を向いている。このように本多忠勝が単独で味方の諸将とは別の向きに向かって布陣したとは考え難い。

◈『日本戦史 関原役（本編）』との矛盾点

次に、参謀本部編纂『日本戦史 関原役（本編）』の本文の記載内容（以下は筆者の現代語訳）と『日本戦史』図との矛盾点を以下に列記する。

⑪「松平忠吉と井伊直政は、その騎士三〇人を率いて次を越えて（ママ）進み、福島隊の側に出た。

（中略）駆けて宇喜多の隊に向かって戦端を開いた」（『日本戦史 関原役（本編）』二〇六頁。以下、頁数は同書の頁数を示す）、「先に松平忠吉・井伊直政が挺進して開戦するや（中略）福島の隊と共に大いに宇喜多の隊を攻撃した」（二〇八頁）と記されているので、松平忠吉と井伊直政は、福島隊に近接して位置しているはずである。なおかつ、松平忠吉と井伊直政は、宇喜多隊の近距離にも位置しているはずである。しかし、『日本戦史』図では、松平忠吉と井伊直政は、福島隊及び宇喜多隊から遠く離れて位置しているので、この点は矛盾している。

⑫「藤堂・京極の二隊は進んで大谷の隊を攻撃した」（二〇六頁）と記されているが、『日本戦史』図には、藤堂・京極の二隊の前に、その進路をふさぐように福島正則隊が位置しており、藤堂・京極の二隊が開戦後すぐに大谷吉継隊と直接対戦できないようになっている。また、『日本戦史』図では、大谷吉継は石田三成方である木下頼継・戸田重政のさらに後方に位置しており、『日本戦史』図を見る限り、開戦直後に藤堂・京極の二隊と大谷吉継隊が直接対戦すると考えるのは無理がある。

⑬「織田父子（有楽・長孝）・古田重勝（マヽ）（重然カ）・猪子一時・佐久間兄弟（安政・勝之）・船越景直の七将校（マヽ）は小西の隊に向かって戦った」（二〇六頁）と記されている。これらは寄合衆といわれる中小の領主であり、この中で『日本戦史』図に名前があるのは織田有楽と古田重

勝だけであり、古田重勝は上述のように古田重然の間違いであると考えられる。『日本戦史』図では、石田三成方の軍勢と対戦する家康方の諸隊のうち、織田有楽と古田重勝（重然ヵ）（ママ）は家康隊を除くと最後尾に位置しており、小西隊からは最も離れているので、小西隊と開戦直後に対戦すると考えるのは無理がある。

⑭「田中・長岡（細川）・加藤・金森父子及び黒田・竹中の隊は石田の隊に向かって戦った」（二〇六頁）と記されているが、『日本戦史』図には、竹中重門の位置は記されていない。

⑮「寺沢・戸川等の諸隊は進んで小西の隊を撃った」（二〇八頁）と記されているが、『日本戦史』図には、戸川達安（寄合衆）の位置は記されていない。そして、『日本戦史』図では、寺沢広高は、藤堂高虎・京極高知の後方に位置しており、小西行長からはかなり離れているので、開戦直後に寺沢隊が小西隊と直接対戦できるとは考えられない。

以上のように、『日本戦史』図には、その記載内容に関する疑問点が指摘できるほか、参謀本部編纂『日本戦史　関原役（本編）』の本文の記載内容と『日本戦史』図との矛盾点も指摘できるので、これまでのように無批判に引用することは避けなければならない。

『日本戦史』図の成立事情をさぐるためには、江戸時代に流布した関ヶ原合戦の布陣図との比較検討が必要であるが、その点については後述する。

(二)江戸時代に流布した関ヶ原合戦の布陣図の内容検討

◈江戸時代の各種の布陣図

江戸時代に流布した関ヶ原合戦の布陣図について、その内容を考察するため、刊行本(史料)に収載された絵図三種、各関係機関に所蔵されている絵図二七種を検討対象とした。具体的には、刊行本(史料)では、『高山公実録』、『武家事紀』、『武家事紀(津軽本)』収載の各布陣図、各関係機関では、岡山大学附属図書館池田家文庫(以下、池田家文庫と略称)、岐阜県図書館、大垣市立図書館、名古屋市蓬左文庫、西尾市岩瀬文庫、愛媛県立図書館伊予史談会文庫の各所蔵の布陣図を検討対象とした。それら絵図の摘要をまとめたものが表6である。なお、池田家文庫所蔵の図一二種のうち、実際に披見したところ二種は絵図の表題とは異なり、関ヶ原合戦の布陣図ではなかったため(一種は大坂陣図、一種は岐阜攻城戦図)、検討対象からは除外した。

表6を見るとわかるように、江戸時代に流布した関ヶ原合戦の布陣図は、家康方諸将が布陣した陣形の相違に着目すると、A類(一三種)、B類(一〇種)、その他(七種)というように三種類に大きく分類できる。以下では、それぞれ一つの系統の図としてとらえられるA類と

表6　江戸時代に流布した関ヶ原合戦の布陣図

絵図	成立年	整理番号等	絵図の大きさ（㎝）	分類
刊行本（史料）に収載された布陣図				
『高山公実録』	嘉永年間			A類
『武家事紀』	延宝元年			B類
『武家事紀（津軽本）』				その他
岡山大学附属図書館池田家文庫所蔵の布陣図				
〔関ヶ原合戦之図〕	寛延二年	T12-4	一〇七・八×一二九・一	A類
関ヶ原合戦ノ図		T12-19-1	八二・四×六一・七	B類
関ヶ原合戦ノ図		T12-19-3	一二一・五×一八八・一	A類
関ヶ原御陣所絵図		T12-23	八九・〇×六五・〇	B類
関ヶ原御陣所之図		T12-26	一三四・五×一〇九・五	B類
〔関ヶ原合戦図〕		T12-27	一四〇・八×一五九・六	A類
〔関ヶ原合戦図〕		T12-31	八一・〇×五五・〇	その他
関ヶ原戦図		T12-33	一一〇・七×一八八・五	A類
関ヶ原御陣場絵図面		T12-36	一三四・九×一一二・六	その他
濃州関ヶ原御合戦図	享保十四年	T12-120	一一二・六×二〇四・二	A類
岐阜県図書館所蔵の布陣図				
濃州御勝山安楽寺御陣廊大概絵図		80-89-1	三二・八×四一・八	その他
慶長之役古戦場之図（注1）		80-89-2	二五・八×三七・三	B類
慶長之役古戦場之図（注2）		80-89-3	二五・九×三九・一	B類
濃州関ヶ原合戦図		G/204・9/セ	一一三・〇×一八八・〇	A類

大垣市立図書館所蔵の布陣図				
関ヶ原合戦之図(注3)		O-39-2-3	一三三・〇×一八三・〇	A類
関ヶ原合戦図　東西両軍配陣図並両軍侍大将氏名貼付(注4)		T39-2-28	八四・五×八二・三	A類
濃州関ヶ原御闘戦東照大神君赤坂御陣営諸将陣取之図(注5)	享保五年	O-39-2-1	一六三・五×九九・〇	A類
『関ヶ原御合戦物語』のさし図(注6)	宝永三年		二七・四×二〇・五	B類
名古屋市蓬左文庫所蔵の布陣図				
関ヶ原戦場図		8-119	一八二・〇×一〇七・〇	A類
関ヶ原役布陣之図		36-163	七九・五×七五・四	B類
関ヶ原御陣場之図		図-354	一九八・〇×一二四・六	A類
関ヶ原之図		図-355	一六〇・五×一三六・七	その他
関ヶ原古戦場図		図-356	二〇七・五×一四〇・〇	A類
関ヶ原御陣所之絵図		図-987	八二・〇×六一・五	B類
関ヶ原戦図		中-618	八〇・九×五六・三	その他
西尾市岩瀬文庫所蔵の布陣図				
関ヶ原戦陣之図		函番号139番号15	一三七・一×八一・六	その他
愛媛県立図書館伊予史談会文庫所蔵の布陣図				
濃州関ヶ原合戦之図(注7)	宝暦九年	ホ~15~4	三九・八×二七・一	B類

(注1)木版多色刷。
(注2)同右。
(注3)図録『決戦関ヶ原大垣博特別展』(決戦関ヶ原大垣博実行委員会、二〇〇〇年、一七頁)にカラー写真掲載。
(注4)前掲・図録『決戦関ヶ原大垣博特別展』(一八頁)にカラー写真掲載。
(注5)前掲・図録『決戦関ヶ原大垣博特別展』(一九頁)にカラー写真掲載。
(注6)前掲・図録『決戦関ヶ原大垣博特別展』(二二頁)にカラー写真掲載。
(注7)『北藤録』巻之十三(愛媛県立図書館伊予史談会文庫所蔵)の中の挿入図。

B類の布陣図に関して、それぞれの特徴と信憑性について考察する。

◆『高山公実録』収載の布陣図

A類の布陣図

A類の布陣図は、『高山公実録』収載の布陣図（「関原戦場圖」）に代表されるものである（『高山公実録』収載の布陣図については図5参照。『高山公実録』収載の布陣図に記載された家康方部将名については表5参照）。『高山公実録』は津藩藩祖藤堂高虎の一代記であり、幕末の嘉永年間（一八四八～一八五四）に津藩藩校の有造館の講官である大野木直好、池田定礼によって編纂されたものである（太田光俊「近世後期における藤堂藩の修史事業―『高山公実録』の成立時期をめぐって」）。

『高山公実録』収載の布陣図では、西は関ヶ原の戦場を中心に描き、東は大垣城と家康の岡山本陣（「岡山御本陣」）を中心に描いている。図5〈全体図〉の西側の図を部分拡大し（一七二頁参照）、関ヶ原における家康方諸将の布陣に着目すると、進撃方向に向かって、左翼には藤堂高虎・京極高知・有馬豊氏・山内一豊が布陣し（a-Iグループとする）、中央には福島正則と田中吉政が布陣している（a-Ⅱグループとする）。そして、右翼には黒田長政・竹中重門・加藤嘉明・金森長近・細川忠興・織田有楽（長益）・松倉重政が布陣し（bグループとする）、その後方には、本多忠勝・松平忠吉・井伊直政が布陣している（cグループとする）。そして、野上（現岐阜県不破郡関ヶ原町野上）の横に「権現様御出陣」と記されていて、家康の本陣（桃配山（ももくばりやま））であることを示している。

◈『高山公実録』収載の布陣図の特徴

『高山公実録』収載の布陣図では、a-Iグループの上に「一」、a-IIグループの上に「一」、bグループの上に「二」、cグループの上に「三」と記されている（A類の布陣図では、このように、それぞれ「一」、「二」、「三」と記されている点が特徴であり、この特徴はB類の布陣図には見られない）。これはそれぞれ、一番備え（先鋒）、二番備え（第二陣）、三番備え（第三陣）を意味すると考えられ、戦闘序列を示すものである。

一番備えは、a-Iグループとa-IIグループの二つに分かれているが、これは中山道を挟んで、進撃方向に向かって中山道の右がa-IIグループ、左がa-Iグループというように分かれていることによる。

◈A類以外の布陣図との比較

『高山公実録』収載の布陣図において特に指摘できる点を、以下に列記する。

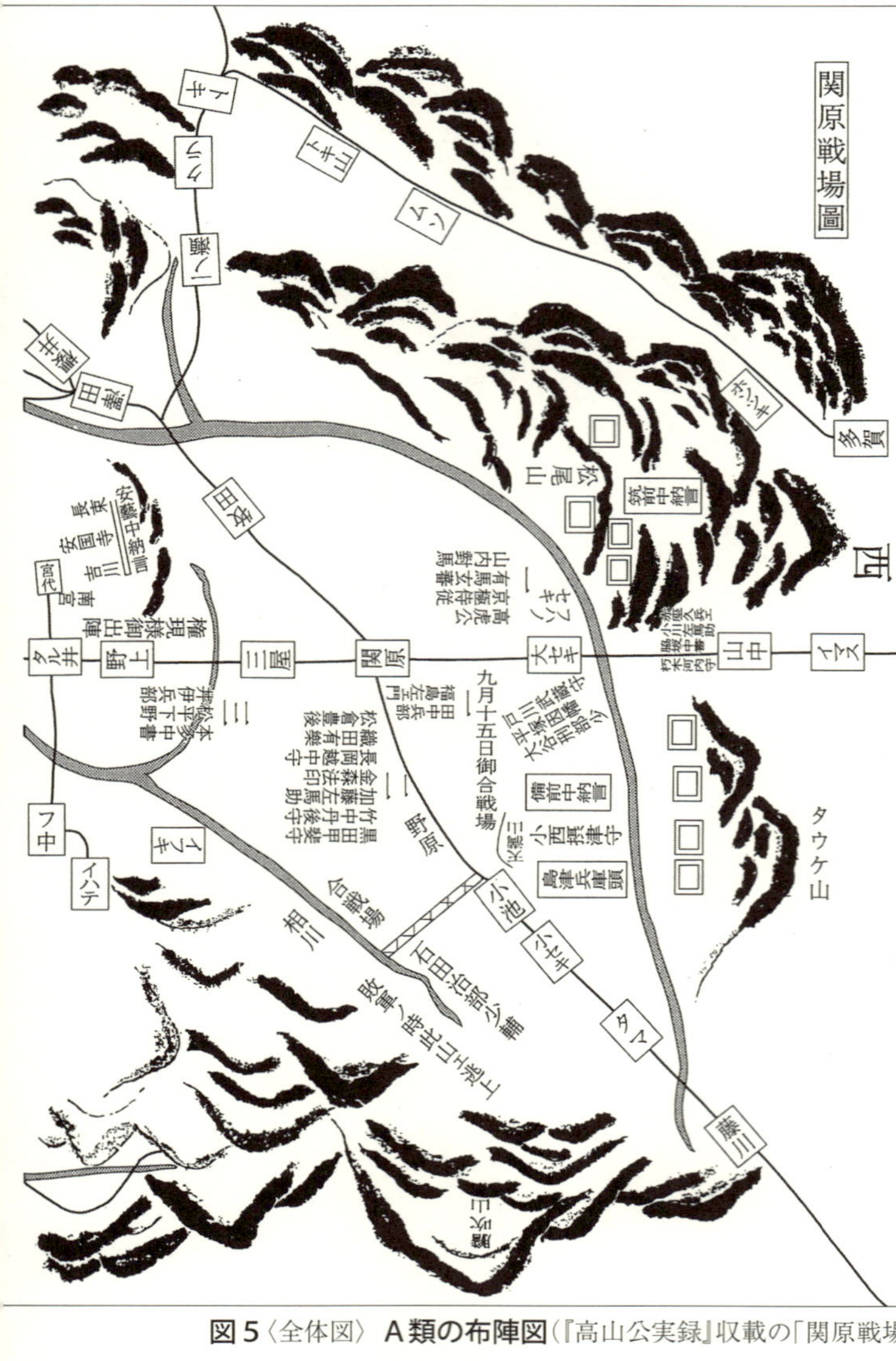

図 5〈全体図〉 A類の布陣図（『高山公実録』収載の「関原戦場圖」）

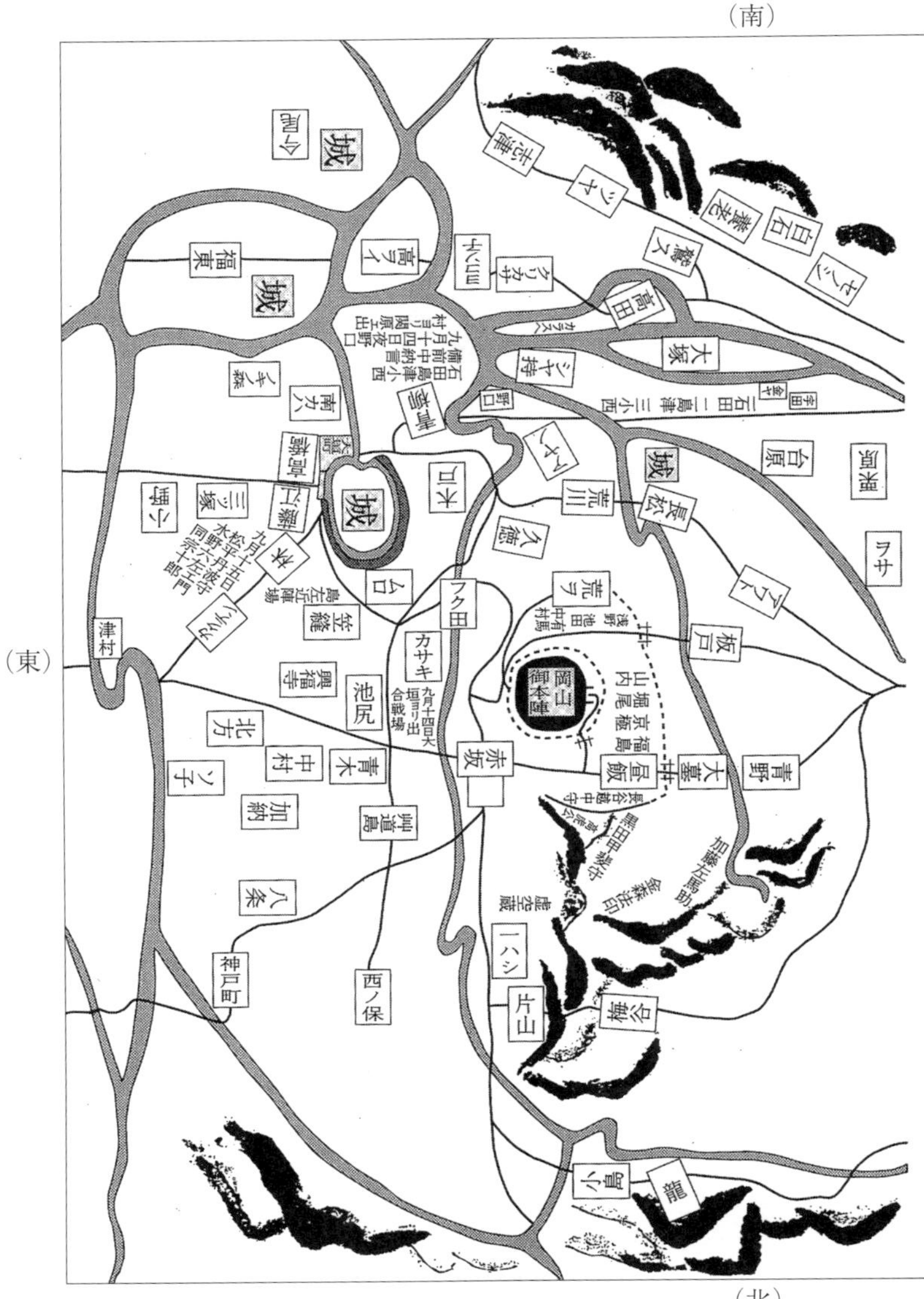

※上野市古文献刊行会（現伊賀古文献刊行会）編『高山公実録―藤堂高虎伝』上巻（清文堂出版、一九九八年、二二〇～二二二頁）より引用。

※『高山公実録』収載の布陣図において、「戸川武蔵守（ママ）」という記載があるが、これは「戸田武蔵守」の誤記であると考えられる。そのほか、「長谷越中守（ママ）」という記載があるが、これは「長岡越中守」の誤記であると考えられる。

※便宜上、東西南北の方位を図の枠外に入れた。

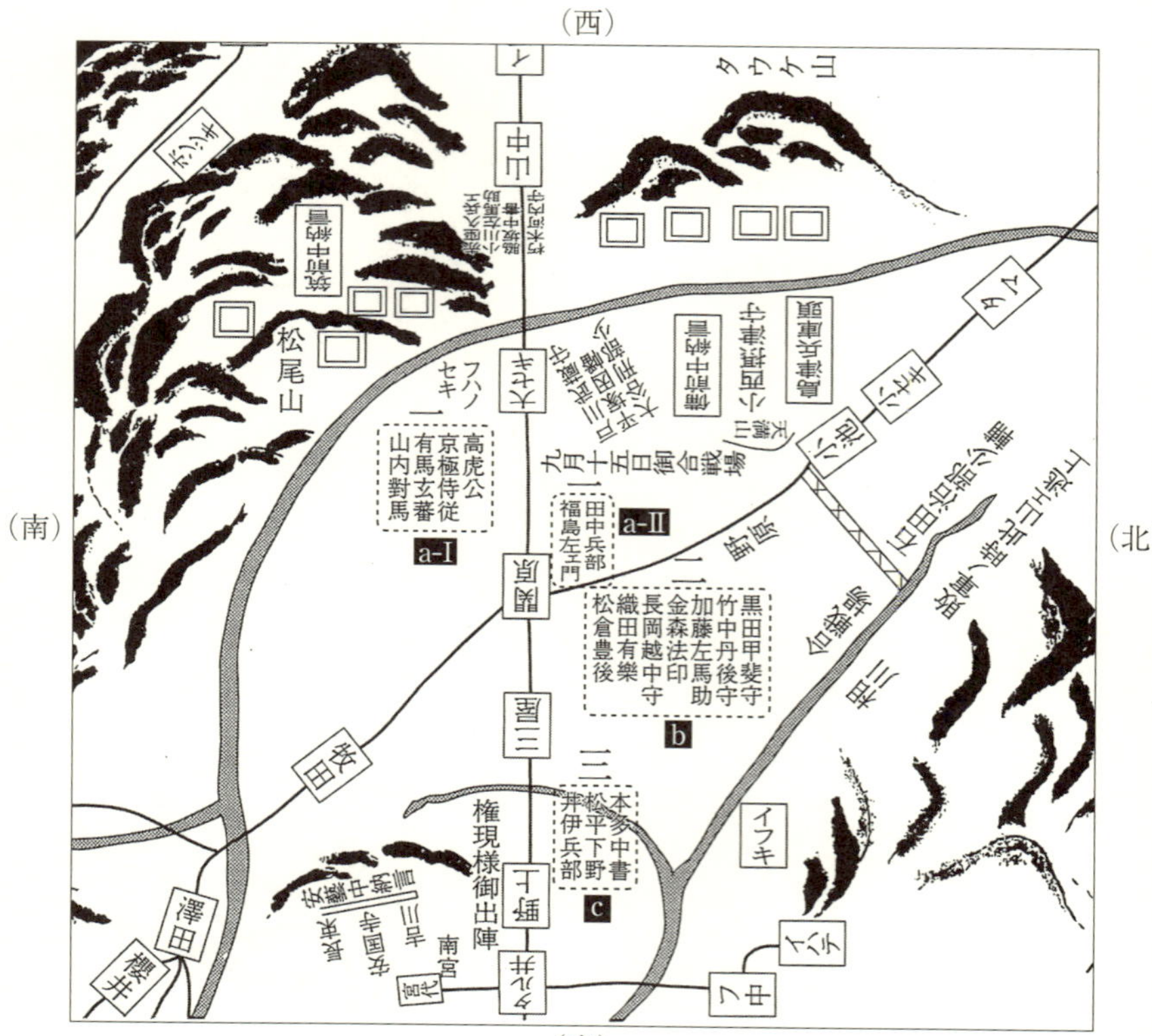

図5〈西側の部分拡大図〉 **両軍が布陣した前線付近**（『高山公実録』収載の「関原戦場圖」部分）

※拡大にあたり、各グループ名を付し、各グループを点線で囲んだ。

※便宜上、東西南北の方位を図の枠外に入れた。

①通説では南宮山への押えにまわったとされる有馬豊氏と山内一豊が、先鋒としてａ－Ⅰグループに入っている（Ｂ類の布陣図、『日本戦史』図との相違点）。
②田中吉政はｂグループではなく、ａ－Ⅱグループに入り、福島正則と並んで先鋒になっている（Ｂ類の布陣図、『日本戦史』図との相違点）。
③筒井定次、生駒一正、蜂須賀至鎮（よししげ）、寺沢広高、古田重勝の記載はない（Ｂ類の布陣図には筒井定次、生駒一正、蜂須賀至鎮、寺沢広高の記載があり、『日本戦史』図には筒井定次、生駒一正、寺沢広高、古田重勝の記載がある）。
④本多忠勝は松平忠吉、井伊直政と同じｃグループに入っている（Ｂ類の布陣図、『日本戦史』図との相違点）。
⑤松平忠吉、井伊直政（ｃグループ）と福島正則（ａ－Ⅱグループ）は距離的にかなり離れている（Ｂ類の布陣図との相違点）。
⑥福島正則（ａ－Ⅱグループ）が単独で飛び出して先鋒として布陣しているわけではない（『日本戦史』図との相違点）。
⑦細川忠興（ｂグループ）については「長岡越中守」と記されている（Ａ類の布陣図では、細川忠興を「長岡越中守」と記すケースが多いことが特徴であり、この点はＢ類の布陣図とは異なる）。
⑧ａ－Ⅰグループ（藤堂高虎・京極高知など）はａ－Ⅱグループ（福島正則・田中吉政）よりも前

方に位置している(B類の布陣図との相違点)。

⑨福島正則(a-Ⅱグループ)は中山道より北の位置に布陣している(B類の布陣図では、福島正則は中山道より南の位置に布陣している)。

◈『高山公実録』収載の布陣図の信憑性

この『高山公実録』収載の布陣図の信憑性について考えると次のようになる。まず、上述のように、図中に「権現様御出陣」と記されているが、関ヶ原合戦当時(慶長五年)に家康のことを「権現様」とは呼んでいなかったので、この図の作成が関ヶ原合戦当時にリアルタイムで描かれた図でないことは明らかである。

そして、『高山公実録』収載の布陣図における、一番備え(a-Ⅰグループ・a-Ⅱグループ)、二番備え(bグループ)、三番備え(cグループ)の家康方諸将の名前と所属が、軍記物の『石田軍記』における家康方諸将の布陣の記載(一番備え、二番備え、三番備え)と全く一致することから、『石田軍記』の記載をもとに、『高山公実録』収載の布陣図が成立した可能性が考えられる。あるいは、逆に『高山公実録』収載の布陣図と同種のA類の布陣図をもとに『石田軍記』の記載がされた、と考えることも可能である。

『石田軍記』の成立が元禄十一年(一六九八)であるのに対して、上述のように、『高山公実録』の成立は、幕末の嘉永年間（一八四八～一八五四）であるので、両者の成立年からすると、『石田軍記』の記載をもとに『高山公実録』収載の布陣図が成立した可能性が考えられる。表6を見るとわかるように、A類の布陣図で成立年が明確なものは、上述した幕末（嘉永年間）の『高山公実録』収載の布陣図を除くと、寛延二年（一七四九）（池田家文庫所蔵絵図、T12-4）、享保十四年（一七二九）（池田家文庫所蔵絵図、T12-120）、享保五年（一七二〇）（大垣市立図書館所蔵絵図、O-39-2-1）であるので、A類の布陣図で成立年が遡及できるのは享保五年（一七二〇）までということになる。とすると、『石田軍記』の成立が年代的に先であり、A類の布陣図の方が年代的に後になるので、A類の布陣図をもとに『石田軍記』の記載がされたのではなく、『石田軍記』の記載内容をもとに、A類の布陣図（『高山公実録』収載の布陣図も含まれる）が成立したということになる。この点については、今後、A類の布陣図において、『石田軍記』の成立年である元禄十一年（一六九八）よりも年代的にそれ以前の絵図が発見されれば考え直す必要も出てくるが、とりあえず、今はこのように考えておきたい。

よって、軍記物である『石田軍記』の布陣に関する記載内容をもとにA類の布陣図が成立したと考えられるので、A類の布陣図の信憑性は低いといわざるを得ない。上述のように、本来先鋒に入るはずがない有馬豊氏と山内一豊が先鋒として入っている点や、松平忠吉、井伊直政と福島正則が距離的にかなり離れている点などは、A類の布陣図の信憑性が低いと見なすことの証左になるであろう。

◆A類の布陣図と軍記物

A類の布陣図の中には、桃配山の家康の本陣に金扇の馬印をイラスト的に図示した布陣図があり（池田家文庫所蔵絵図、T12−120、T12−27、名古屋市蓬左文庫所蔵絵図、8−119、図−354）、これは「扇の御馬印」（『改正三河後風土記』）、「七本骨の扇の御認旗」（『関原軍記大成』）という、後世の軍記物などにおける関ヶ原合戦当日の記載と合致するので、こうした後世の軍記物などの記載内容をもとに、A類の布陣図に描いたケースであると考えられる。

また、A類の布陣図では、桃配山の家康の本陣の前に「小幡孫兵衛・中村与兵衛・小幡勘兵衛・脇五右衛門」の四人の名前が記されている布陣図が多くあり（池田家文庫所蔵絵図、T12−120、T12−19−3、T12−33、岐阜県図書館所蔵絵図、G／204・9／セ、名古屋市蓬左文庫所蔵絵図、8−119、図−354、図−356）、これらの名前は後世の軍記物などにおける関ヶ原合戦当日の記載に出てくる。例えば、小幡勘兵衛は『武家事紀』、『関原軍記大成』、中村与兵衛は『武家事紀』、『改正三河後風土記』、脇五右衛門は『武家事紀』、『関原軍記大成』、『改正三河後風土記』の関ヶ原合戦当日の記載に名前が出てくるので、こうした後世の軍記物などの記載をもとに、A類の布陣図に名前を記載したケースであると考えられる。

◈リアルタイムの布陣図か否か

そのほか、A類の布陣図の中には、桃配山の家康の本陣の前に「酒井左衛門尉、二度目ヲ此所ヨリ九町先ヘ御旗罷出也」（池田家文庫所蔵絵図、T12－120、など）、「酒井作右衛門、二度目、此所ヨリ九丁先エ御旗ヲ出」（池田家文庫所蔵絵図、T12－19－3、など）という記載がされている布陣図がある。これは、「其より九町程先へ酒井左衛門の旗を打立て、控へたり」（『石田軍記』）とか「御旗本の先手を、酒井左衛門尉家次、十二本の御旗は、御本陣より九町計り御先に進み」（『関原軍記大成』）という後世の軍記物における関ヶ原合戦当日の記載内容と合致するので、こうした後世の軍記物の記載内容をもとに、A類の布陣図に記載したケースであると考えられる。

ちなみに、酒井家次（酒井左衛門尉）は実際には徳川秀忠に従って中山道を行軍していたので、関ヶ原合戦には参戦しておらず、酒井家次が関ヶ原合戦に参戦したとするのは、軍記物（『関原軍記大成』、『石田軍記』）による創作である。上述のように、A類の布陣図において、九町先へ旗を出したという記載は、その主語が酒井左衛門尉とするケースと、酒井作右衛門とするケースに分かれるが、上述のように酒井家次（酒井左衛門尉）は関ヶ原合戦に参戦していないのに対して、酒井重勝（酒井作右衛門）は家康本隊の旗奉行であるので、酒井作右衛門とする方が正しいと考えられる。

以上のように、A類の布陣図は、成立年が江戸時代中期の享保五年（一七二〇）までしか遡及できず、記載内容についても後世の軍記物などの記載情報をそのまま布陣図に表現した箇所が多く、慶長五年（一六〇〇）のリアルタイムの布陣図ではなく、後世に作成された布陣図と評価せざるを得ないので、布陣図としての信憑性は低いと考えられる。

◈『武家事紀』収載の布陣図

B類の布陣図

B類の布陣図は、『武家事紀』収載の布陣図（「關箇原役圖（せきがはらえきず）」）に代表されるものである（『武家事紀』収載の布陣図については図6参照。『武家事紀』収載の布陣図に記載された家康方部将名については表5参照）。『武家事紀』は、江戸時代前期の軍学者として有名な山鹿素行（やまがそこう）の著であり、延宝元年（一六七三）の序文がある。よって、『武家事紀』は江戸時代前期の史料であり、上述したように、A類の布陣図を収載した『高山公実録』が幕末（嘉永年間〈一八四八〜一八五四〉）の成立である点と比較すると、時代的にはかなり早い成立ということになる。

そして、上述のように、A類の布陣図が、年代的に江戸時代中期の享保五年（一七二〇）までしか遡及でないことに比べて、B類の布陣図は、『武家事紀』の成立年である延宝元年

（一六七三）まで遡及できることになり、その点でもB類の布陣図の方が、A類の布陣図よりも時代的に早い成立であるということがわかる。ちなみに『武家事紀』には、右記の「關箇原役圖」のほかに、「關箇原役圖（津軽本）」が収載されているが（図7参照）、この布陣図は、右記の分類上では、A類、B類のいずれにも入らず、その他の分類になる。

◈『武家事紀』収載の布陣図の特徴

『武家事紀』収載の布陣図では、西は関ヶ原の戦場を中心に描き、東は大垣城と家康の岡山本陣（勝山本陣）を中心に描いている。この描写範囲は、上述した『高山公実録』収載の布陣図と同様である。図6〈全体図〉の西側の図を部分拡大し（一八一頁参照）、関ヶ原における家康方諸将の布陣に着目すると、進撃方向に向かって、左翼には、本多忠勝が単独で布陣し、少し離れて中山道の南側に福島正則・京極高知・藤堂高虎・蜂須賀至鎮が布陣している（本多忠勝を除くこのグループをdグループとする）。中山道の北側には松平忠吉・井伊直政が布陣している（fグループとする）。

右翼として、北の山手には竹中重門・加藤貞泰（さだやす）・黒田長政が布陣し（e-Iグループとする）、少し離れて、金森長近・加藤嘉明・細川忠興・田中吉政が布陣している（e-IIグループとする）。野上村付近には、寺沢広高・山内一豊・有馬豊氏・生駒一正・織田有楽（長益）が布陣

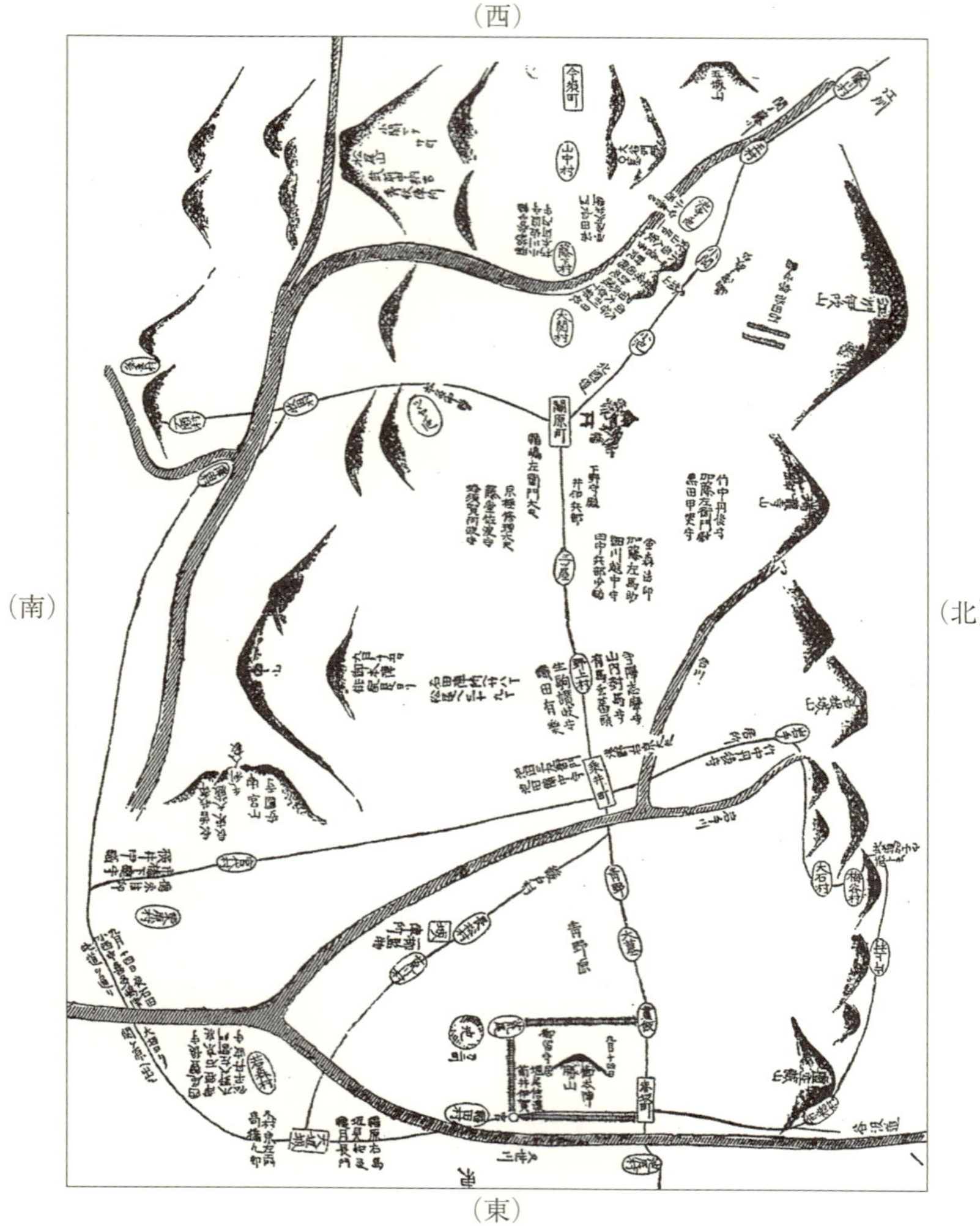

図6〈全体図〉 **B類の布陣図**（『武家事紀』収載の「關箇原役圖」）

※山鹿素行著『武家事紀』中巻（原書房、1982年復刻〔原本は1916年発行〕、417頁）より引用。

※便宜上、東西南北の方位を図の枠外に入れた。

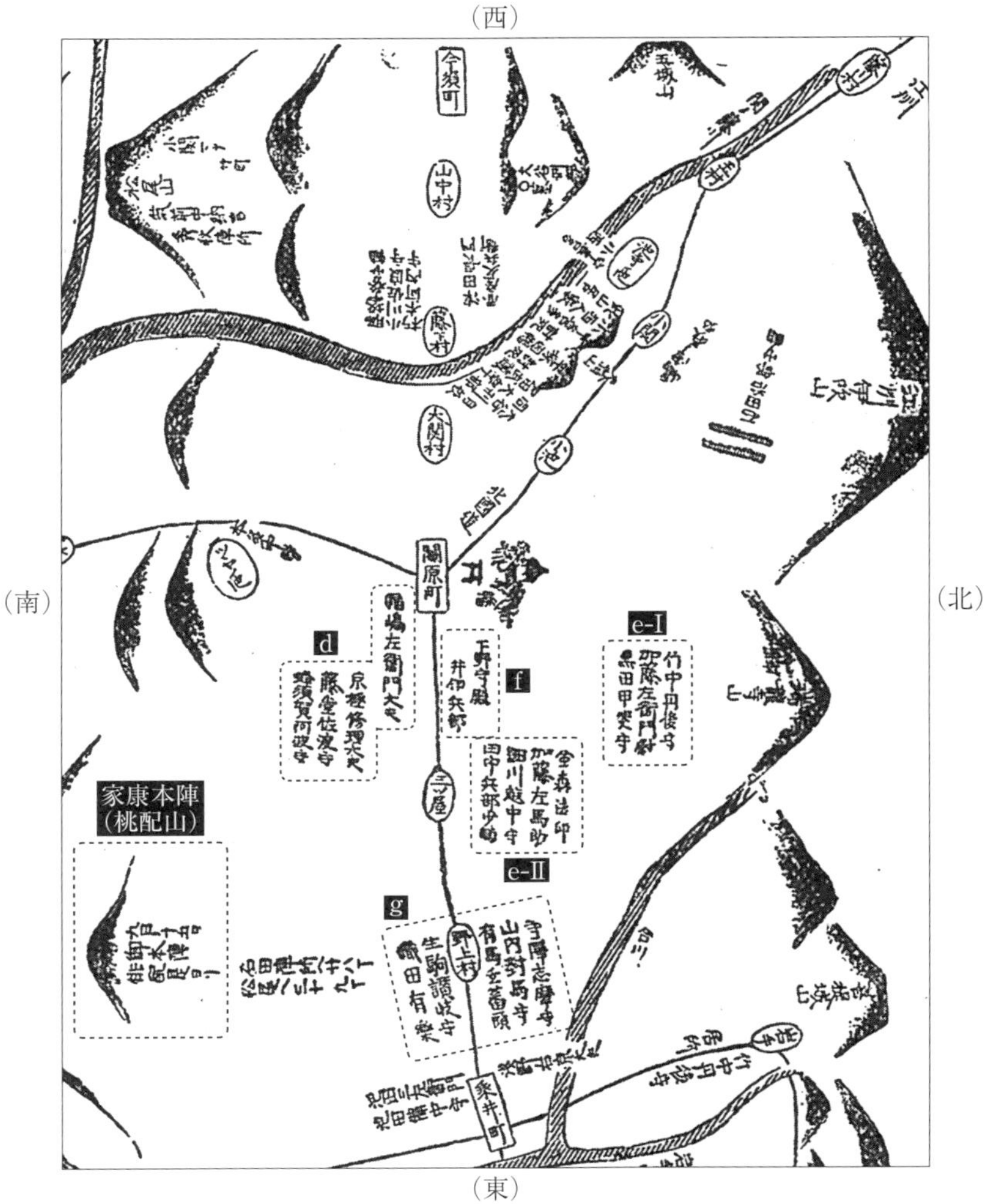

図6〈西側の部分拡大図〉 **両軍が布陣した前線付近**（『武家事紀』収載の「關箇原役圖」部分）
※拡大にあたり、各グループ名を付し、各グループと家康の本陣を点線で囲んだ。
※便宜上、東西南北の方位を図の枠外に入れた。

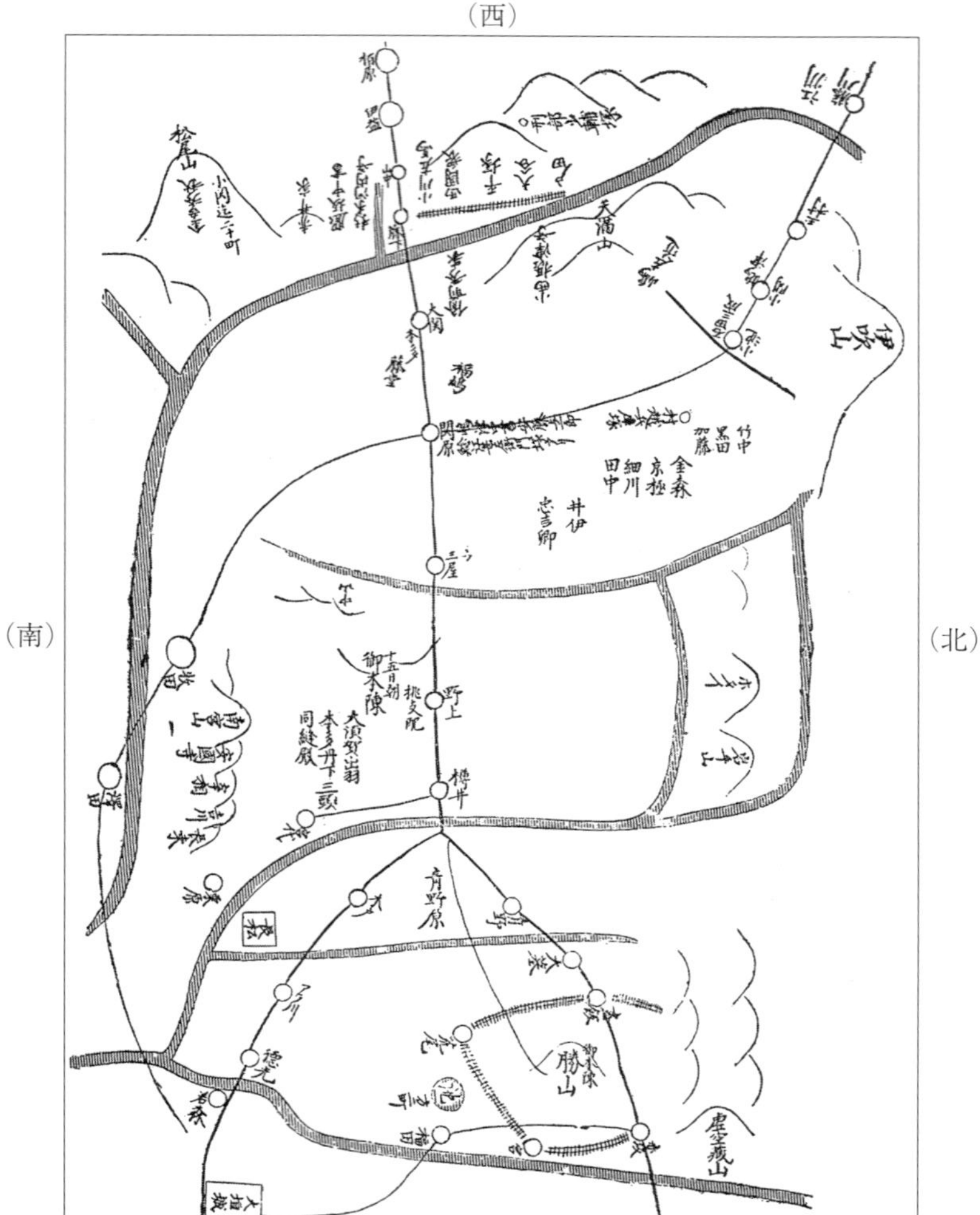

図７　その他の分類の布陣図（『武家事紀』収載の「關箇原役圖（津軽本）」）

※山鹿素行著『武家事紀』中巻（原書房、1982年復刻〔原本は1916年発行〕、418頁）より引用。

※便宜上、東西南北の方位を図の枠外に入れた。

しているが（gグループとする）、この場所は家康の本陣（桃配山）の近くにあたり、最前線から見るとかなり後方に位置していることになる。近くの垂井町（現岐阜県不破郡垂井町）付近には、南宮山に布陣した毛利秀元などへの押えとして、池田輝政・池田長吉・浅野幸長が布陣している。かなり離れているが、赤坂にある家康の岡山本陣（勝山本陣）には御留守居として、堀尾忠氏・筒井定次が置かれている。

『武家事紀』収載の布陣図を見ると、石田三成方の軍勢は関ヶ原に展開する主力戦力のほか、南宮山に布陣した毛利秀元などの軍勢と大垣城に在城（籠城）した軍勢の三つに分けられる。これに対して家康方の軍勢は、関ヶ原において石田三成方の軍勢と対峙した主力戦力のほか、南宮山の押えとして布陣した軍勢、大垣城への寄せ手、家康の岡山本陣（勝山本陣）の留守居というように四つに分けられる。

◈B類以外の布陣図との比較

『武家事紀』収載の布陣図において特に指摘できる点を、以下に列記する。

①本多忠勝が松平忠吉・井伊直政（fグループ）からかなり離れて単独で最左翼の位置に布陣している（A類の布陣図との相違点）。

②有馬豊氏と山内一豊は先鋒ではなく、gグループに入り（gグループは南宮山の押えではない）、最も後方に布陣している（A類の布陣図との相違点）。

③蜂須賀至鎮は先鋒としてdグループに入っている（蜂須賀至鎮はA類の布陣図や『日本戦史』図には記載がない）。

④加藤貞泰は黒田長政がいるe-Iグループに入っている（加藤貞泰はA類の布陣図や『日本戦史』図には記載がない）。

⑤田中吉政は細川忠興の横に位置しており（e-IIグループ）、福島正則（dグループ）からは離れた位置に布陣している（A類の布陣図との相違点）。

⑥松平忠吉・井伊直政（fグループ）は後方に位置するのではなく、前線に布陣しており、井伊直政は福島正則（dグループ）と隣接した位置に布陣している（A類の布陣図との相違点）。

⑦黒田長政・竹中重門が布陣する位置（e-Iグループ）と金森長近・加藤嘉明・細川忠興が布陣する位置（e-IIグループ）は離れている（A類の布陣図との相違点）。

⑧寺沢広高は最も後方に布陣したgグループに入っている（寺沢広高はA類の布陣図には記載がなく、『日本戦史』図では藤堂高虎・京極高知のうしろに位置しており前線に布陣している）。

⑨生駒一正は最も後方に布陣したgグループに入っている（生駒一正はA類の布陣図には記載がなく、『日本戦史』図では金森長近の横に位置している）。

⑩織田有楽は最も後方に布陣したgグループに入っている（織田有楽はA類の布陣図では細川忠興の横に位置しており前線に布陣している）。
⑪筒井定次と堀尾忠氏は、赤坂にある家康の岡山本陣（勝山本陣）の御留守居になっている（筒井定次はA類の布陣図には記載がなく、『日本戦史』図では筒井定次を田中吉政の横に置き、最前線に布陣したように描いている。なお、B類の布陣図は、すべて筒井定次と堀尾忠氏を勝山本陣の留守居としている）。
⑫細川忠興（e-Ⅱグループ）については「細川越中守」と記されている（B類の布陣図では、すべて細川忠興を「細川越中守」と記されていることが特徴であり、この点は「長岡越中守」と記されているA類の布陣図とは異なる）。
⑬福島正則（dグループ）は中山道より南の位置に布陣している（A類の布陣図では、中山道より北の位置に布陣している）。
⑭大垣城に対する徳川方の寄せ手の軍勢の諸将の中に、津軽為信（つがるためのぶ）と西尾光教（みつのり）がいる（この二人はA類の布陣図には名前の記載がない）。

◈『武家事紀』収載の布陣図の信憑性（その一）

『武家事紀』収載の布陣図の信憑性について考えると次のようになる。まず、福島正則の隣りに井伊直政が布陣している点は、通説で井伊直政が福島正則隊の脇を抜け駆けしたことになっている点と符合する。『武家事紀』収載の布陣図に記載されている家康方の諸将のうちで、竹中重門・加藤貞泰・寺沢広高・山内一豊・有馬豊氏・生駒一正・津軽為信は、『武家事紀』本文の九月十五日における記載には出てこない。この点は、『武家事紀』収載の布陣図と『武家事紀』本文との整合性がとれていないことを示している。

本多忠勝は、『武家事紀』の本文では島津義弘・宇喜多秀家と戦ったとしているが、『武家事紀』収載の布陣図では、本多忠勝の布陣している位置から島津義弘・宇喜多秀家の布陣している位置は、距離的にかなり離れている。

蜂須賀至鎮の記載があるのは『武家事紀』収載の布陣図（B類の布陣図）のみであり、A類の布陣図や『日本戦史』図には記載がない。寺沢広高はA類の布陣図には記載がない。この蜂須賀至鎮・寺沢広高については、岐阜城攻城戦では家康方諸将に関する一次史料に名前が見えないので（表3参照）、その後の関ヶ原合戦でも本当に参戦したのかどうか一次史料では確認できない。蜂須賀至鎮は慶長五年（一六〇〇）の時点で、まだ十五歳であり、わずか一八騎で参戦した、とする見解があり（図録『決戦関ヶ原―武将たちの闘い』、根津寿夫執筆）、一八騎の参戦では家康方の実質的な戦力にはならなかったであろう。A類の布陣図や『日本戦史』図に蜂須賀至鎮の記載がないのはそのような理由によるものかもしれない。逆に、『武家事紀』

収載の布陣図（B類の布陣図）にだけ蜂須賀至鎮の記載があることは、『武家事紀』収載の布陣図（B類の布陣図）の信憑性が低いことを示すものといえよう。

◈『武家事紀』収載の布陣図の信憑性（その二）

筒井定次はA類の布陣図には記載がなく、『日本戦史』図では前線の位置に布陣しているが、『武家事紀』収載の布陣図（B類の布陣図）では、家康の岡山本陣（勝山本陣）の留守居として堀尾忠氏と共に名前が記載されている。筒井定次については、岐阜城攻城戦では家康方諸将に関する一次史料に名前が見えるので（表3参照）、その後の関ヶ原合戦に参戦した可能性は高いが、前線で戦ったのか、あるいは、家康の岡山本陣（勝山本陣）の留守居として後方に待機したのか、という点についてはいずれとも確定しがたい。ただし、『武家事紀』の本文中では、「胴筋ヨリ黒田長政・長岡忠興・加藤喜（ママ）（嘉ヵ）明・筒井定次・金森父子、平カ、リ也」と記されていて、黒田長政・細川忠興などと共に、筒井定次は前線で戦ったとしているので、その点では、『武家事紀』収載の布陣図と、『武家事紀』の本文中の記載内容が矛盾していることになる。

前線において、黒田長政の横の位置に加藤貞泰を記載するのは、『武家事紀』収載の布陣図（B類の布陣図）のみであり、A類の布陣図や『日本戦史』図には加藤貞泰の記載はない。加藤貞泰が関ヶ原合戦において前線で戦ったのか、あるいは、後方に待機したのか、という点は、江戸時代における伊予大洲藩（加藤家）の関係史料でも見解が分かれており、『北藤録』は加藤貞泰が前線で戦ったとしているのに対して、『大洲秘録』は、家康の命により大垣城への押えとして美濃国本田（現岐阜県瑞穂市本田）に在陣した、としている。よって、この点についてはいずれとも確定しがたい。

◈『武家事紀』収載の布陣図の信憑性（その二）

『武家事紀』収載の布陣図には、蜂須賀至鎮について「蜂須賀阿波守」と記されているが（B類の布陣図では、すべて蜂須賀至鎮は「蜂須賀阿波守」と記されていることが特徴である）、蜂須賀至鎮が阿波守に叙任するのは慶長九年（一六〇四）であり（『新訂寛政重修諸家譜』第六）、この点から慶長五年（一六〇〇）のリアルタイムの布陣図ではないことがわかる。

『武家事紀』収載の布陣図には、細川忠興について「細川越中守」と記されているが（B類の布陣図では、すべて細川忠興は「細川越中守」と記されていることが特徴であり、この点は「長岡越中守」と記されているA類の布陣図とは異なる）、慶長五年（一六〇〇）当時の忠興の名字は「長岡」あるいは「羽柴」であり（「（慶長五年）七月晦日付真田昌幸宛石田三成書状」、「（慶長五年）八月二十五日付長束正家・増田長盛・石田三成・前田玄以・毛利輝元・宇喜多秀家宛上杉景勝書状」、『真田家文書』上巻）、「細川」に復したのは元和元年（一六一五）十二月二十四日であるので（『新訂寛政重修諸家譜』第二）、この点から慶長五年（一六〇〇）のリアルタイムの布陣図ではないことがわかる。

このような諸点について勘案すると、井伊直政が布陣する位置について一定の信憑性はあるものの、蜂須賀至鎮・寺沢広高のように関ヶ原合戦への参戦が一次史料で確定できない名前が記載されていたり、筒井定次に関して、『武家事紀』本文の記載内容と『武家事紀』収載の布陣図との矛盾があるなど、『武家事紀』収載の布陣図について信憑性が低いことを示す点もあり、こうした点は史料批判の余地があると考えられる。

そして、『武家事紀』収載の布陣図に記された蜂須賀至鎮の受領名が慶長五年（一六〇〇）当時のものでないことや、細川忠興の名字が慶長五年当時のものでないことから、Ｂ類の布陣図も慶長五年のリアルタイムの布陣図ではないと考えられ、その記載内容について検討の余地が残されているといえよう。

なお、生駒一正・蜂須賀至鎮・寺沢広高・加藤貞泰について、『武家事紀』収載の布陣図（Ｂ類の布陣図）には記載されているが、『高山公実録』収載の布陣図（Ａ類の布陣図）には全く記載されていない点は対照的であり、その相違がどのような理由に起因するのかを今後考える必要があるだろう。

◆石田三成陣の描写の特徴

『武家事紀』収載の布陣図の特徴として、石田三成が布陣する場所の前に二重の柵が描かれている点が注意を引く。これは『武家事紀』の本文に「石田三成ハ小関村北山ノ尾ニ付テ陳(ママ)（陣ヵ）ヲハル（中略）長篠ノ例トナリテ陳(ママ)（陣ヵ）ノ前ニヨイヨリ柵ヲ二重カマエシム」と記されていることを布陣図に描写したものと考えられる。

江戸時代に流布した関ヶ原合戦の布陣図には、A類、B類、その他、の区分を問わず、石田三成の布陣する場所の前に柵（一重あるいは二重）が描かれている。これは、B類の布陣図で年代が遡及できるのは『武家事紀』の成立年である延宝元年（一六七三）であることと、上述のように、A類の布陣図とB類の布陣図の成立年の初見を比較した場合、A類の布陣図はB類の布陣図よりも年代的にあとになることを勘案すると（その他の分類の布陣図では成立年がわかるものはない）、江戸時代に流布した関ヶ原合戦の布陣図の初見は、成立年が明らかなものでは『武家事紀』収載の布陣図であり（つまり、成立年が明らかなものとしては『武家事紀』収載の布陣図が最初の布陣図ということ）、それ以降の布陣図はすべてこの『武家事紀』収載の布陣図の影響を受けて、石田三成の布陣する場所の前に柵を描くようになった、と推測できる。

◈A類とB類の布陣図の大きさの比較

以上のように、江戸時代に流布した関ヶ原合戦の布陣図には、A類（『高山公実録』収載の布陣図など）とB類（『武家事紀』収載の布陣図など）という二つの系統の布陣図が存在し、それぞれの成立年の初見を比較すると、A類の布陣図が江戸時代中期の享保五年（一七二〇）、B類の布陣図が江戸時代前期の延宝元年（一六七三）であり、B類の布陣図の方がA類の布陣図よりも年代的に早く成立したことがわかる。そして、その記載内容を検討すると、B類の布陣図に比較して、A類の布陣図はいろいろな軍記物などの記載情報が図中に反映されていることがわかる。その理由は、上述のようにB類の布陣図よりもA類の布陣図の方が成立年が遅かった点に起因するものと考えられる。

A類の布陣図とB類の布陣図、及び、その他の分類の布陣図の絵図の大きさについて、絵図の面積をもとに表計算ソフトでソートをかけ、面積が大きい順に並べたものが表7である（刊行本〔史料〕に収載された布陣図三種は除く）。表7を見ると、一例を除くと、A類の布陣図の方がB類の布陣図よりも大きいことがわかる。A類の布陣図は二例を除くと、長辺、短辺ともに一〇〇センチ以上であり、長辺が二〇〇センチ以上の絵図が二例、長辺が一五〇センチ以上二〇〇センチ未満の絵図が八例ある。これに対してB類の布陣図は、一例を除くと、

表７ 関ヶ原合戦の布陣図の面積比較
（絵図の面積が大きい順にソートしたもの）

布陣図（絵図）の名称	成立年	長辺（cm）	短辺（cm）	面積（cm²）	分類	所蔵先
関ヶ原古戦場図		207.5	140.0	29050.00	A類	蓬左
関ヶ原御陣場之図		198.0	124.6	24670.80	A類	蓬左
関ヶ原合戦之図		183.0	133.0	24339.00	A類	大垣
濃州関ヶ原御合戦図	享保14年	204.2	112.6	22992.92	A類	池田
関ヶ原合戦ノ図		188.1	121.5	22854.15	A類	池田
〔関ヶ原合戦図〕		159.6	140.8	22471.68	A類	池田
関ヶ原之図		160.5	136.7	21940.35	その他	蓬左
濃州関ヶ原合戦図		188.0	113.0	21244.00	A類	岐阜
関ヶ原戦図		188.5	110.7	20866.95	A類	池田
関ヶ原戦場図		182.0	107.0	19474.00	A類	蓬左
濃州関ヶ原御闘戦東照大神君（後略）	享保５年	163.5	99.0	16186.50	A類	大垣
関ヶ原御陣場絵図面		134.9	112.6	15189.74	その他	池田
関ヶ原御陣所之図		134.5	109.5	14727.75	B類	池田
〔関ヶ原合戦之図〕	寛延2年	129.1	107.8	13916.98	A類	池田
関ヶ原戦陣之図		137.1	81.6	11187.36	その他	岩瀬
関ヶ原合戦図　東西両軍配陣図（後略）		84.5	82.3	6954.35	A類	大垣
関ヶ原役布陣之図		79.5	75.4	5994.30	B類	蓬左
関ヶ原御陣所絵図		89.0	65.0	5785.00	B類	池田
関ヶ原合戦ノ図		82.4	61.7	5084.08	B類	池田
関ヶ原御陣所之絵図		82.0	61.5	5043.00	B類	蓬左
関ヶ原戦図		80.9	56.3	4554.67	その他	蓬左
〔関ヶ原合戦図〕		81.0	55.0	4455.00	その他	池田
濃州御勝山安楽寺御陣廊大概絵図		41.8	32.8	1371.04	その他	岐阜
濃州関ヶ原合戦之図		39.8	27.1	1078.58	B類	愛媛
慶長之役古戦場之図		39.1	25.9	1012.69	B類	岐阜
慶長之役古戦場之図		37.3	25.8	962.34	B類	岐阜
『関ヶ原御合戦物語』のさし図	宝永３年	27.4	20.5	561.70	B類	大垣

【凡例】各布陣図（絵図）の所蔵先の略称

池田 …… 岡山大学附属図書館池田家文庫
大垣 …… 大垣市立図書館
愛媛 …… 愛媛県立図書館伊予史談会文庫
岐阜 …… 岐阜県図書館
蓬左 …… 名古屋市蓬左文庫
岩瀬 …… 西尾市岩瀬文庫

※表７では、刊行本（史料）に収載された布陣図３種は検討対象から除外した。

長辺、短辺ともに一〇〇センチ未満である。

上述のように、B類の布陣図の方がA類の布陣図よりも年代的に早く成立した点を考慮すると、江戸時代前期において小さいB類の布陣図がまず流布し、その後、江戸時代中期になって大きいA類の布陣図が流布した、と考えられる。上述のように、A類の布陣図では、桃配山の家康の本陣に金扇の馬印をイラスト的に図示したり、桃配山の家康の本陣の前に家康の家臣名を複数記すなど、軍記物などの記載情報を取り入れて絵図の内容が詳細かつ豪華になったことも、A類の布陣図が大きい点と関係していると考えられる。

◈徳川方の視点から描かれた布陣図

江戸時代に流布した関ヶ原合戦の布陣図の中には、大垣市立図書館所蔵絵図（O－39－2－1）のように、絵図の中央右寄りの位置に家康の岡山本陣（勝山本陣）を過大にデフォルメして描いている布陣図（この絵図はA類の布陣図に該当する）もある（口絵参照）。こうした描き方をした意図は、家康の事蹟を大きく顕彰するためであったことは明らかである。

江戸時代に流布した関ヶ原合戦の布陣図（A類及びB類の布陣図）が、関ヶ原合戦がおこった時点でリアルタイムに描かれたものではないことは上述したが、桃配山の家康陣所を「権現様御本陣」（池田家文庫所蔵絵図、T12－120）、「権現様陣所」（名古屋市蓬左文庫所蔵絵図、図－

356）と記している布陣図（いずれの絵図もA類の布陣図に該当する）がある点からもそのことがわかる。つまり、「権現様」とは東照大権現のことを指し、東照大権現とは元和三年（一六一七）（家康死去の翌年）に朝廷から授与された家康の神号であるから、こうした布陣図は、この年以降のものであることになる。

よって、江戸時代に流布した関ヶ原合戦の布陣図は、江戸時代になって徳川幕府による支配体制下において、あくまで徳川方の視点から戦勝記念的感覚で描かれたものである、という点には注意が必要であろう。

（三）『日本戦史』の布陣図は明治時代の創作図

◈『日本戦史』の布陣図に描かれた範囲

『日本戦史』図と江戸時代に流布した関ヶ原合戦の布陣図を比較して、まずわかることは描かれた範囲が異なる点である。

『日本戦史』図は、東西方向に俯瞰（ふかん）すると、西は関ヶ原の主戦場から、東は南宮山・栗原山あたりまでを描いている。これに対して、江戸時代に流布した関ヶ原合戦の布陣図は、東西方向に俯瞰すると、西は関ヶ原の主戦場から、東は家康の岡山本陣（勝山本陣）と大垣城あたりまで描く布陣図（『高山公実録』収載の布陣図、『武家事紀』収載の布陣図など）や、岐阜城、犬山城あたりまで描く布陣図（池田家文庫所蔵絵図、T12-4、T12-120、など）もある。岐阜城、犬山城あたりまで描く布陣図は、関ヶ原合戦以前の岐阜城攻城戦・犬山城明け渡しなどが、家康方にとって関係する一連の軍事行動であったと認識されていたことを示すものであろう。その意味では、関ヶ原合戦のみに意義があるのではなく、岐阜城攻城戦なども含めて一連の軍事作戦をトータルにとらえる認識を示していて興味深い。この点は、現代の視点において、関ヶ原合戦のみがクローズアップされるのとは大きく異なっている。このように考えると、『日本戦史』図において、関ヶ原の主戦場から南宮山・栗原山あたりまでしか描かないのは、すでに視点として近代的な発想に基づいたものであることがわかる。

◈『日本戦史』の布陣図は参謀本部のオリジナル図

『日本戦史』図は、関ヶ原の主戦場から南宮山・栗原山あたりまでしか描かれていない点は上述した。それでは、『日本戦史』図は、江戸時代に流布した関ヶ原合戦の布陣図をもとに成立したのかどうか、という問題を考えたい。一見すると、『日本戦史』図は、江戸時代に流布した関ヶ原合戦の布陣図の中の関ヶ原の主戦場から南宮山・栗原山あたりまでをトリミングして描かれたように見えるが、管見の限り、家康方の諸将の布陣について、『日本戦史』図と江戸時代に流布した関ヶ原合戦の布陣図を比較した結果、家康方諸将の布陣位置が完全に一致するものは一例もなかった。

このことを考慮すると、『日本戦史』図は、江戸時代に流布した関ヶ原合戦の布陣図を下敷きにして成立したのではなく、参謀本部編纂『日本戦史 関原役(附表・附図)』が刊行された明治二十六年(一八九三)の時点で、参謀本部が独自に作成したオリジナルの布陣図であるということになる。

『日本戦史』図について、その記載内容に関する疑問点や、参謀本部編纂『日本戦史 関原役(本編)』の本文の記載内容との矛盾点は上述したが、江戸時代に流布した関ヶ原合戦の布陣図と比較した場合、奇異に思えるのは、諸将の布陣位置の不自然さである。

◈『日本戦史』の布陣図の矛盾点

『日本戦史』図では、福島正則が後続の藤堂高虎・京極高知からかなり離れて単独で飛び出して斜めの形で布陣している。しかし、江戸時代に流布した関ヶ原合戦の布陣図を見ると、諸将はバラバラに布陣するのではなく、複数の部将が各グループとしてそれぞれ「備え」を構成して、それぞれ集団で規則的に布陣する形をとっていることがわかる。これは江戸時代になっているとはいえ、合戦において布陣する陣形についての常識が残っていたと考えられることから、『日本戦史』図のような福島正則の布陣位置は、江戸時代の布陣図の常識では考えられない、ということになる。

また、『日本戦史』図では、石田三成方の宇喜多秀家・小西行長などが地形に沿って全体に斜めの形で布陣しているが、江戸時代に流布した関ヶ原合戦の布陣図では、原則として石田三成方の諸将と家康方の諸将が正対する形で向き合っており（『武家事紀』収載の布陣図では、宇喜多秀家、小西行長などの諸将は斜めに布陣したように描かれているが、それ以外のB類の布陣図（池田家文庫所蔵絵図、T12-19-1、T12-23、など）では家康方の諸将と正対する形で布陣している）、このことも江戸時代の布陣図の常識では考えられない点ということになる。そもそも現実問題として、『日本戦史』図に描かれているような、石田三成方の諸将が全体に斜めの形で布陣することが可能であるとは考えられない。

このような点を考慮すると、『日本戦史』図は前近代における合戦の常識を踏まえておらず、近代（明治時代）に入ってからの参謀本部による創作図であると断定せざるを得ない。つまり、『日本戦史』図は、諸将の布陣位置について、江戸時代の布陣図に見られるような規則正しい陣形になっていないことから、江戸時代の陣形のセオリーを無視した明治時代の創作の要素が強いということになる。

◈『日本戦史』の布陣図はフィクション

以上のように、関ヶ原合戦の布陣図に関して、今日多くの関係書籍などに引用されている布陣図の基本となっている『日本戦史』図は、明治時代になって参謀本部が創作したフィクションの布陣図であることが明確になった。よって、『日本戦史』図は、これまで史料批判をせずに長年にわたりたびたび引用されてきたが、今後はこうした無批判な引用は避けるべきであろう。

このように、『日本戦史』図がこれまで無批判に引用されてきた背景には、江戸時代に流布した関ヶ原合戦の布陣図の記載内容を十分研究・調査して『日本戦史』図との比較検討をしてこなかったことも一因と考えられる。その意味では、本章での考察によって江戸時代に流布した関ヶ原合戦の布陣図にはＡ類とＢ類の二つの系統があるとわかったことや、『日本戦史』図が江戸時代に流布した関ヶ原合戦の布陣図をトレースしたものではなく、参謀本部が明治時代に独自に作成した歴史的根拠のない布陣図であるということがわかった点は意義が大きいといえよう。

終章　すりかえられた天下取りの戦い

◈捏造された数々の名場面

従来の通説に見られる関ヶ原合戦に関係するストーリーは、数々の名場面に彩られている。例えば、直江状の内容に激怒して上杉討伐を家康が決意した場面、小山評定で軍勢を西上させることを決定した際に率先して福島正則が発言した感動的な場面、関ヶ原合戦当日に小早川秀秋が去就を決めかねていた際に家康が命じて小早川秀秋の陣に対して鉄砲を撃たせたいわゆる「問鉄砲」の場面など、現代の我々がよく知っているストーリーはあまりにも有名である。

しかし、こうしたそれぞれの名場面が果たして歴史的事実であるのかどうかという点の検証は、これまでおざなりにされてきた。そして、一般的にはむしろ歴史的事実であると信じ込まれてきたといってもよかろう。こうした諸問題については、本書での考察や筆者の別稿（拙稿「直江状についての書誌的考察」）で考察をおこなったので、それをもとに考えると、これらの名場面は歴史的事実ではないと結論付けることができる。

本書で考察したように、奥平藤兵衛（貞治）の戦死に関する通説、小早川秀秋の裏切った時刻に関する通説、家康が九月十五日の夜に泊った場所に関する通説についても、いずれも歴史的事実でなかったことは明らかである。

上述した名場面は、江戸時代の軍記物などにおいて架空のストーリーが組み立てられたフィクションであり、これらの名場面はすべて家康中心のストーリーになっていて、家康が主役になった芝居仕立てである点が注目される。つまり、江戸時代の徳川幕府の施政下にあって、家康が神君として崇敬される時代状況の中、家康神話創出の事例として、右記のような関ヶ原合戦に関する家康中心の数々の名場面が捏造され、家康神格化のプロパガンダとして流布されていったと考えることができよう。

関ヶ原合戦に関する現在の一般的書籍は、江戸時代の軍記物などの編纂史料をベースにして記されている関係上、ほとんどが家康視点で書かれている。その意味では、江戸時代に捏造された関ヶ原合戦に関係する虚像（軍記物や編纂史料に記述された架空のストーリー）を排除して一次史料をもとに実像を明確にすることと、家康中心史観から脱却して両軍に公正な視点から一次史料をもとに関ヶ原合戦を分析する必要があり、こうした観点からの考察を今後も進めていく必要がある。

◈家康にとっての上杉討伐の目的

慶長五年（一六〇〇）六月〜同年九月における家康の軍事動向を分析すると次のようになり、合戦に至る経緯も含めて、関ヶ原合戦とは何だったのかということについて考えるうえで重要である。

最初に家康がおこした軍事行動は、上杉討伐の発動であった。家康が上杉景勝に対して強引にいいがかりをつけて上杉討伐を発動した理由としては、当時、豊臣政権内では家康自身には諸大名を戦争に動員する軍事指揮権は付与されていなかったので、上杉討伐は、実質的には家康の政治的意図が露骨に発露した私戦であったが、公戦に偽装（擬制）して諸大名を家康のもとに動員する名目を確保し、諸大名を戦争（上杉討伐）に動員することが主目的であった。換言すれば、徳川家家臣以外の諸大名を家康の自軍として編成することが目的であった、といえよう。

ところが、豊臣の公戦の形に偽装し、家康が強引に諸大名を引き連れて上杉討伐を発動したものの、家康による公戦という位置付けは、七月十七日に大坂三奉行が出した「内府ちかひの条々」により公式に否定された。

上杉討伐のために家康が出馬する日付（つまり、上杉討伐の開戦予定日）は七月二十一日と決定していたから、三奉行としては、この日までに「内府ちかひの条々」を出す必要があった。なぜなら、この日までに家康の公儀性の剥奪を宣言して、家康による上杉討伐が公戦でないことを天下に明示しないといけなかったからである。仮に家康が公戦としての上杉討伐を始めてしまったら、公戦が実際に発動されたことになってしまい、上杉討伐は公戦ではないとして家康を非難しても意味がなくなるからであった。

◈軍事指揮権を剥奪された家康

これまでの通説的理解では、家康が関ヶ原合戦に勝利することを自明の前提として説明がなされてきた感があり、家康には終始一方的に政治的正統性があるかのように説かれてきた。しかし、この時期における家康に関する政治的・軍事的状況は、以下のようなものであった。

七月十七日に三奉行（長束正家・増田長盛・前田玄以）が連署して、家康の上杉討伐は秀吉（「大閤様(ママ)」）の置目に背いており、秀頼様を見捨てて出馬した（「（慶長五年）七月十七日付立花宗茂宛長束正家・増田長盛・前田玄以連署状」、『新修福岡市史』資料編、中世一）と、家康を厳しく弾劾した書状を「内府ちかひの条々」（『新修福岡市史』資料編、中世一）とともに諸大名へ出したことは、家康に大きな政治的ダメージを与えた。

このことにより、家康は公儀から排除され、上杉討伐の政治的正統性も剥奪されて上杉討伐は中止に追い込まれた。同時に大坂では、毛利輝元が大坂城西の丸に入城して、石田・毛利連合政権が樹立されて、西国（九州・四国・中国地方）の諸大名の大規模な動員に成功していた。

家康が公儀から排除され、豊臣秀頼への反逆者（家康が秀頼を見捨てて出馬したということは、秀頼への反逆者になったことを意味する）と見なされたことは、家康が軍事指揮権を剥奪（封殺）されたことを意味していた。このため、上杉討伐の中止だけにとどまらず、家康はその後も諸大名を動員して軍事指揮権を発動することができなくなってしまった。八月の家康の状況を見ると、戦いの最中、約一ケ月間も軍事行動を停止させるという異常な状態が続いたが、家康が軍事指揮権を剥奪されていたと考えれば、こうした状況も整合的に理解できる。

◈石田・毛利連合政権がおこなう「天下之仕置」

八月中の家康の状況については、八月十八日付で来次氏秀（きすぎうじひで）（上杉景勝の家臣）が下次右衛門（しもじ）に対して、以下のように報じている（「（慶長五年）八月十八日付下次右衛門宛来次氏秀書状写」、『山形県史』資料編一五上、古代中世史料一）。

①八月朔日に伏見城が落城して、（秀頼が）「京都御仕置」を残るところなく仰せ付けられている。

②家康へ「一味だて」にて、この度（家康側に）参陣した方々も上方（※この文の途中に、文字の磨滅・虫食いなどによって判読できない箇所がある）様子を聞いて、皆々が逃げ上っている（西上している、という意味か？）。

この内容からは、家康の留守将が守っていた伏見城を落城させて政権基盤が磐石になった石田・毛利連合政権とは対照的に、家康に味方して参陣した諸将は、こうした上方の状況を聞いて、家康を見捨てて逃げていることがわかる。この記載内容は八月中旬における家康の苦境を如実にあらわした内容であると思われる。家康の軍勢が伏見城に籠城したことについては、『舜旧記』の七月十五日条に「天下への謀逆が露顕した」と記されている。「謀逆」とは「反逆を企てること」(『日本国語大辞典(第二版)』一一巻)という意味であるから、家康方の軍事行動(伏見城籠城)が、当時、天下への反逆であると明確に見なされたことを示している。

一方、石田・毛利連合政権が成立して公儀として機能していたことは、徳川サイドでも認めていた。八月二十四日付で榊原康政(やすまさ)は遠藤慶隆(よしたか)に対して、この度の「別心之衆」(石田三成などを指す)は、始終「天下之仕置」をすることができるだろうか、と述べている(「(慶長五年)八月二十四日付遠藤慶隆宛榊原康政書状写」、『徳川家康文書の研究』中巻)。この記載は、家康の重臣である榊原康政が、八月下旬の時点で、石田・毛利連合政権が上方で「天下之仕置」をしていることを認めた内容になっている。このことは、逆にいえば、家康がこの時点で公儀から排除されていたことを、家康サイドとして、自ら(みずか)認めていたことにもなる。

ちなみに、『十六・七世紀イエズス会日本報告集』には、「内府様(筆者注：家康)に背反する同盟が露顕すると、日本国中の諸侯のほとんどがそれに加わっていたので、多数の諸侯はただちに軍兵を率いて大坂の政庁（筆者注：大坂城）に集結した。その数はわずかの間に十万を超えた」と記されている。また、同報告集には、石田・毛利方の軍勢が伏見城を攻め落としたあと「諸奉行（筆者注：石田三成など）は完全に天下の主となり、きわめて大きな権力を掌握するに至った」（注：傍線筆者）と記されている。このように、石田・毛利連合政権が天下を完全に掌握したことが明記されており、このイエズス会宣教師の報告は、後世の徳川史観によるバイアスがかかっていないため、記載内容の信憑性は高いと考えられる。

◈家康の異様な行軍風景

八月二十二日の木曽川渡河作戦と同月二十三日の岐阜城攻城戦において、家康は井伊直政と本多忠勝を軍監として現地に遣わしたものの、同月二十二日の井伊直政と本多忠勝からの注進状を見て、家康は諸将に対して、「其許」では、どのようにでも各自（の諸将）が相談して、落度（おちど）のないように「御行」（軍事行動）をすることが肝要である、と記した書状を出している（「（慶長五年）八月二十五日付福島正則宛徳川家康書状写」、『徳川家康文書の研究』中巻、など）。これは、そちらで相談して軍事行動をおこせ、といっているだけであり、福島正則など現場（岐阜城攻城戦）の諸将へ戦いについて丸投げしている状況であって、まるで他人事のように見え、とても家康が全軍を軍事指揮するという感じではない。この点も上述したように、家康の軍事指揮権の喪失という視点で読み取るべきであろう。

九月一日に家康は江戸から出馬したが、その行軍風景は「御忍ひの躰」であり、旗を絞らせ、旗印も馬印も人目にたたないようにばらばらと先へ遣わした（『石川正西聞見集』）、というものであった。このような家康の異様な行軍風景は、敵を油断させるためというより、公儀から排除されていた家康には石田・毛利連合政権と戦う大義名分がなかったことに由来しており、このことも軍事指揮権の喪失と関係していたと見なすべきであろう。

ちなみに、大坂三奉行は早くも七月二十六日の時点で、家康が東国から西上することを想定しており、それを近江国内の瀬田・守山の間に展開する毛利輝元の軍勢二万人余で迎撃する構想を立てていた（「（慶長五年）七月二十六日付中川秀成宛前田玄以・増田長盛・長束正家連署状」、『中川家文書』）。また、宇喜多秀家の重臣である明石守重は、この度のことは家康が西上しないと（家康の勝利は）実現しないことであり、八月十九日の時点でいまだ家康が西上しないことを不審に思っていた（「（慶長五年）八月十九日付戸川達安宛明石守重書状」、『愛知県史』資料編一三、織豊三）。このように石田・毛利連合政権側では、家康の西上を当初から想定していたので、このような家康の異様な行軍風景が敵を油断させるためであったとは考えがたい。

◆家康は関ヶ原合戦の真の勝利者ではない

こうした家康の軍事指揮権の喪失という事態は、八月中の軍事行動の停止という状態を招いたほか、関ヶ原合戦後の大坂城西の丸の受け取りにおいてもその影響があった。大坂城西の丸を受け取ったのは、五人の豊臣系諸将(福島正則・黒田長政・藤堂高虎・浅野幸長・池田輝政)であり、家康が直接、大坂城西の丸を受け取ったわけではなかった点には注意する必要がある。通常、戦いのあとに城を受け取るのは、戦いの勝者であった点を考慮すると、それまで毛利輝元が在城していた大坂城西の丸を五人の豊臣系諸将が受け取ったことは、関ヶ原合戦の勝者は反石田三成の豊臣系諸将であったことを示している。

つまり、関ヶ原合戦において家康は、勝者としての位置付けからはずれるスタンスにいたことになる。このことは関ヶ原合戦の本質を考えるうえで重要であり、当時公儀から排除されていた家康には石田・毛利連合軍と戦う大義名分が全くなかったため、家康が出陣して家康から戦端を開いた場合、家康は豊臣秀頼(公儀)への反逆者ということになるので、家康自ら戦端を開くことができなかった。

そのため、岐阜城攻城戦では福島正則・池田輝政などの豊臣系諸将(家康から見た場合、外様の諸将にあたる)だけで軍勢を編成させて、その豊臣系諸将に戦端を開かせ、その延長上にある関ヶ原合戦においても、活躍して勝因をつくったのは福島正則や黒田長政など前線で戦った豊臣系諸将であり、家康はそうした豊臣系諸将の活躍に便乗して勝利したにすぎなかった。この点は、本書の第一章で上述したように、『舜旧記』に、家康の先勢である福田（ママ）（福島カ）・細川忠興・加藤嘉明が合戦をおこなった、と記されており、家康自身が合戦をおこなった、と記されていないことからも裏付けられる。

◈戦う大義名分がなかった家康

関ヶ原合戦を豊臣家家臣団内部の権力闘争という形にして（この点が関ヶ原合戦の本質ということになる）、家康は最終局面で出陣すれば、家康が豊臣秀頼への反逆者という汚名を着せられることはなくなるというように家康は政治的計算をしたのであろう。そのように考えると、家康が最終局面で江戸から正体を隠すように姑息（こそく）な姿で出陣してきたことや、江戸から多くの豊臣系諸将を引き連れて正々堂々と出陣して正面から戦いを挑まなかった理由がよくわかるのである。

このように、そもそも家康には石田・毛利連合政権（石田・毛利連合軍）に戦いを仕掛ける大義名分は全くなかったのであって、この点について、通説では全く何の説明もなく、何の疑問もはさんでいないが、家康が当然の権利のように石田・毛利連合政権（石田・毛利連合軍）

に戦いを挑んだ、とする通説の見解は是正する必要があろう。

石田・毛利連合軍と対峙した家康主導軍は、家康が核になってはいたが、家康自身の軍事指揮権は上述のように剥奪されていたため、関ヶ原合戦では、その軍事力の中核を家康に味方した豊臣系諸将の戦力に頼らざるを得なかったのである。このことが、関ヶ原合戦において家康主導軍の主力戦力の大部分が家康に味方した豊臣系諸将によって構成されていたことの真の理由であった。

家康主導軍は、豊臣系諸将の戦力をすべて排除して徳川家の戦力だけで構成されたオール徳川軍というのが本来の理想の姿であったのであろうが、家康自身の軍事指揮権が剥奪されている状況下では、そうした軍事力の構成をとることはできず、たとえそのような軍事力の構成をとることができたとしても、石田・毛利連合軍の軍事力と比較すると、徳川家臣団のみの軍事力では、石田・毛利連合軍（反家康の軍事勢力）に対抗することは到底不可能であった。

◈存続する豊臣公儀

大坂城受け取りについては、上述のように五人の豊臣系諸将が西の丸を受け取ったのであり、本丸を受け取ったわけではなかった点には注意する必要がある。本丸には依然として豊臣秀頼が在城しており、このことは関ヶ原合戦以後も豊臣公儀が存続していることを示して

豊臣秀頼像（部分・養源院蔵）

いる。よって、家康が大坂城西の丸に入城したからといって、その時点で徳川家の天下支配が始まったわけではなかったことは明らかである。

八月中の家康は、対上杉景勝、対石田・毛利連合政権、というように二正面作戦に追い込まれてしまい、動かなかったのではなく動けなかったという状況であった。そして、家康は、上述のように軍事指揮権を喪失した状態にあったが、八月上旬から同月下旬において、江戸にいた家康は家康側の黒田長政と毛利輝元側の吉川広家をそれぞれのパイプ役として秘密裏に機密交渉をさせていたことが注目される（「（慶長五年）八月八日付黒田長政宛徳川家康書状」、『徳川家康文書の研究』中巻、など）。

なお、吉川広家の動向については、七月下旬のものと考えられる家臣（祖式長好ヵ）宛の書状（『大日本古文書』―吉川家文書別集、六二六号文書）や「（慶長五年）八月四日付今田経忠他五名宛吉川広家書状」（『大日本古文書』―吉川家文書別集）で、徳川家康のことを「家康」と呼び捨てで表記しているので、七月下旬〜八月上旬の時点では家康に内通している形跡は見られず、家康に対して好戦的態度をとっていたと見なすことができる。

◆家康と毛利輝元の機密交渉

この機密交渉の過程で、黒田長政は八月十七日付で、吉川広家に対して、①毛利輝元へ「御内儀」をよくよく（吉川広家から）申し入れて、家康と御入魂になるように（吉川広家の）才覚が大切であると思う、②「御弓矢」が「此方」（家康方）で都合がよいようになっては、そのようなことも整いかねるので、前もって油断なく分別をすべきである、と報じた（「（慶長五年）八月十七日付吉川広家宛黒田長政書状」、『徳川家康文書の研究』中巻）。

この中で、右記②の記載は、八月十七日の時点で、家康方が戦況として有利でないことを黒田長政が認めた点で重要であり、逆に家康方が戦況で有利になった場合、そうした交渉が整わないとしていることから、この機密交渉は、家康と毛利輝元の間における和睦交渉であったと推測される。

中村孝也氏の『徳川家康文書の研究』中巻（五六五頁）の解説では、これらの経緯を、「吉川広家や黒田長政が毛利家を救解せんがため、家康に対して取った苦衷の深刻さが思ひやられる」と記しているが、この時点では実際には、家康と毛利輝元の立場は、中村孝也氏の理解とは正反対であると見なすべきである。つまり、この時点では、毛利輝元は大坂城西の丸に在城し豊臣秀頼を推戴して、石田・毛利連合政権の中心人物であったのに対して、家康は公儀から排除され軍事指揮権も喪失した状況で非常に苦しい立場にあった。よって、この時点で毛利輝元が公儀としての立場にいる以上、毛利輝元を救う必要はなく、むしろ、この時点で公儀から排除されていた家康こそが救われるべき対象であったのである。

中村孝也氏の理解は、従来の通説のように八月において家康が終始有利な立場にいたと見ることからそのように考えたのであろうが、本章で指摘しているように、八月中の家康が軍事的・政治的に苦境に立っていた点を考慮すれば、中村孝也氏の見解は修正する必要があると考えられる。

◈上方への「御調略」

この和睦交渉により、和睦交渉期間中は毛利輝元が最前線へ出陣することを防ぐ効果もあったであろうし、家康が八月末まで江戸から出陣しなかったことは和睦交渉の推移を見極めようとしていたと考えれば整合的に理解できる。

八月中旬には福島正則など家康方の軍勢が清須城を中心に集結して、石田三成方の軍勢に対して軍事攻勢をかけようとしていたのであるが、こうした戦いの動きと並行して、家康は前線へ出陣することなく江戸にいて、上方の毛利輝元と和睦交渉を極秘に進めていたことは、和戦両様を視野に入れて動いていたという点で、実に老獪（ろうかい）な手法を駆使していたと見ることができる。

有馬則頼が、八月二十二日付で秋田実季(さねすえ)に対して、(家康による)「上方色々御調略」の子細共がある、と報じているのは(「(慶長五年)八月二十二日付秋田実季宛有馬則頼書状」、『愛知県史』資料編一三、織豊三)、こうした家康の動きについて指すものと考えられる。

その後の和睦交渉の経過については詳しくはわからないが、八月二十三日に岐阜城攻城戦において福島正則など家康方の軍勢が勝利したことを受けて、家康は和睦交渉を打ち切って、戦うことに方針を転換し出陣を決定したと推測される。

◈天下の御家老としての家康

関ヶ原合戦の結果、石田・毛利連合政権は消滅し、毛利輝元にかわって家康が大坂城西の丸に入ったことにより、家康が秀頼のもとで政務をとる政治状況が現出した。家康が当面取り組んだのは関ヶ原合戦の戦後処理であったが、大坂城本丸に豊臣秀頼が在城していた点を考慮すると、豊臣公儀は依然として存続しており、家康が秀頼のもとで戦後処理の実務をおこなう形をとることになった。

秋田実季は十月十三日付で、戸沢政盛に対して、家康は、ひとえに秀頼様を守り立てていることを報じ、家康に「無二御奉公」をすべきことを伝えている(「(慶長五年)十月十三日付戸沢政盛宛秋田実季書状案」、『山形県史』資料編一五下、古代中世史料二）。この内容からわかるように、家康が秀頼を守り立てる形で政務をおこない、その家康に対して諸大名が無二の御奉公をすべきである、という大名の認識が十月中旬の時点であったことに注目しておきたい。

家康自身の認識としては、九月二十二日付で家康が前田利長に対して、すぐに（大坂城を）乗り掛けて攻め崩すべきであるが、秀頼様の御座所であるので（大坂城攻撃を）遠慮した、と報じた（「（慶長五年）九月二十二日付前田利長宛徳川家康書状写」、『徳川家康文書の研究』中巻）ことが参考になる。大坂城攻撃をしようとしたが秀頼の御座所なので遠慮した、というのは家康の本音が出ていて興味深いと同時に、この時点で家康よりも秀頼の政治的地位のほうが上位であったことを明確に示している。このように、九月下旬の時点では、家康自身も秀頼のほうが政治的位置が上であったことを認識していたことになる。

また、家康の侍医・板坂卜斎（ぼくさい）の覚書である『慶長年中卜斎記』慶長五年九月二十一日条には、「この時分まで家康公を御主とは大名衆も思わず、天下の御家老と敬うまでであった。御主は秀頼公と心得ていた。諸人下々まで（家康のことを）御家老と心得て御主とは思わなかった」と記されている。家康の側近である板坂卜斎がこうした内容を記していることは重要であり、九月下旬の時点において、天下の主は豊臣秀頼であって、家康は秀頼を補佐する天下の家老という認識しか諸大名以下は持っていなかったことになる。

◈関係書状におけるキーワードの変化

家康発給書状や関係諸将の発給書状において、関ヶ原合戦の前と後でキーワードとなる文言の変化を見ると次のようになる。

「奉公」と「忠節」

関ヶ原合戦以前において、「奉公」という文言が使用されている事例では「奉公」の対象は豊臣秀頼であって家康ではない（「（慶長五年）八月十八日付下次右衛門宛来次氏秀書状写」、『山形県史』資料編一五上、古代中世史料一、など）。しかし、関ヶ原合戦以後は、管見の限り二例のみであるが、「奉公」の対象を家康とする事例が出てくる（「（慶長五年）十月十三日付戸沢政盛宛秋田実季書状案」、『山形県史』資料編一五下、古代中世史料二、「（慶長五年）九月十六日付藤堂高虎宛黒田如水書状」、『関ヶ原合戦史料集』）。

関ヶ原合戦以前においては、家康への「忠節」という事例が多く見られるが（「慶長五年七月二十七日付真田信幸宛徳川家康書状」、『徳川家康文書の研究』中巻、など）、これは家康への「奉公」という文言が使用できないため、「忠節」という文言を使用したと考えられる。

「別心」と「謀反」

石田三成など反家康方を指す文言として、関ヶ原合戦以前において、徳川サイドでは「別心」という文言が多く使用された（「（慶長五年）七月二十七日付秋田実季宛榊原康政書状写」、『徳川家康文書の研究』中巻、など）。この場合、家康への「謀反」という文言が使われていない点は注意すべきあり、「謀反（謀叛）」という文言は、関ヶ原合戦後、使用されるようになるが、管見の限りでは一例のみである（「（慶長五年）十月十三日付柴田勝全宛榊原康政書状」、『新修徳川家康文書の研究』）。

「天下平均」、「天下一篇」

関ヶ原合戦以後、徳川サイドでは「天下平均」（が済み）という文言（「（慶長五年）十月八日付堀親良宛徳川秀忠書状写」、『徳川家康文書の研究』中巻、など）や「天下一篇」（を家康が申し付けた）という文言（「（慶長五年）十月五日付黒田如水宛井伊直政書状」、『徳川家康文書の研究』中巻）を使用し始めた。

このように、関ヶ原合戦以前、諸大名にとって家康は「忠節」の対象ではあっても「奉公」の対象ではなく、「奉公」の対象は豊臣秀頼であったことから、天下の主権者、すなわち公儀の主宰者は豊臣秀頼であって、家康は公儀を体現する政治的位置付けではなかったことがわかる。よって、関ヶ原合戦以前において、豊臣秀頼と諸大名との間に封建的主従関係（「御恩」と「奉公」の関係）は成立していたが、家康と諸大名との間には、関ヶ原合戦以前は封建的主従関係は成立していなかったことになる（「奉公」ではなく「忠節」という文言の表記にとどまった）。こうした家康の立場を考慮すれば、反家康の軍事行動が、家康への「謀反」とは認められず、「別心」という表現にとどまったことは当然であった。

公儀から排除されていた家康にとって、関ヶ原合戦は全く大義名分のない戦いであり、関ヶ原合戦以前は、家康発給書状を含めて徳川サイドの関係書状に「天下平均」という文言は一切出てこないので、「天下平均」などという美麗なスローガンは徳川サイドでは一切掲げられなかったことがわかる。

ちなみに、「内府ちかひの条々」が大坂三奉行によって出された七月十七日以降、関ヶ原合戦当日の九月十五日までの家康発給書状において、家康自身が公儀を体現している旨を記した家康書状の事例は皆無であるので、家康自身は当該期（七月十七日～九月十五日）に公儀から排除されていたことを自覚していたことがわかる。

◈「天下平均」の戦いへのすりかえ

しかし、関ヶ原合戦に勝利したことにより、公儀としての石田・毛利連合政権が消滅した結果、家康にとって大義名分のない戦いであった関ヶ原合戦は、「天下平均」の戦いにすりかえられたのである。

このように、家康にとってもともと大義名分がなかった関ヶ原合戦を、戦後すぐに「天下平均」の戦いと牽強付会（けんきょうふかい）して、家康にとっていかにも正義の戦いであったかのように糊塗（こと）したことが、その後長く続く徳川の天下支配のイデオロギーを正当化する端緒（たんちょ）になった、と見なすことができる。

そして、その後、徳川の支配体制が長く続く中で、徳川史観が形成されて、関ヶ原合戦を神君家康にとっての聖戦としてバイアスをかけて誇張・演出していったのである。その過程で、関ヶ原合戦以前に石田三成など反家康方の挙兵を「謀反」とする当時の一次史料（関ヶ原合戦以前における徳川方の関係書状）は存在しないにもかかわらず、江戸時代に入って時代が降ると石田三成などを歴史事実に反して謀反人に仕立て上げていったと考えられる。

◈徳川の天下支配イデオロギー

本来、関ヶ原合戦は、石田・毛利連合政権として公儀を形成していた石田三成の方に大義名分があったのであるが、石田三成を謀反人（悪人）として演出することが徳川の天下支配イデオロギーを形成するうえで必要になり、いかにも家康に正統性があったかのように偽装したことにより、歴史事実とは倒錯（とうさく）した歴史観、すなわち徳川史観が形成され流布されていった。

このことは、歴史事実とその後の支配体制側が形成した歴史観との乖離・逆転という意味で多くの問題点を提起しており、通説を盲信せずに、歴史事実を冷静かつ精緻（せいち）に検証することが必要であることを示すものといえよう。

その意味では、現在の通説において、関ヶ原合戦が、東軍（家康方の軍勢）対西軍（石田・毛利方の軍勢）の戦いとして、あたかも同格の軍集団が戦ったかのように説かれている点にも大きな問題（誤解）があり、「石田・毛利方の公儀軍」対「公儀から排除された家康方の軍勢（戦う大義名分がない家康方の軍勢）」という対立の構図で理解すべきなのである。こうした関ヶ原合戦に関する歴史事実の検証作業は、今後も具体的に進めて行く必要があるが、さらなる考察については他日を期したい。

あとがき

本書では、関ヶ原合戦について一次史料から分析することの重要性を強調したのであるが、最後に関ヶ原合戦後の佐和山城攻撃に関する一次史料の内容を御紹介したい。

この史料は「（慶長六年ヵ）卯月十九日付久納俊茂宛清水権兵衛書状」（『佐賀県史料集成』古文書編、一七巻）であり、その内容をまとめると、以下のようになる。

①（私は）以前、石田正澄（まさずみ）（石田三成の兄）のところで右筆（ゆうひつ）を勤めていた清水少斎と言う者である。
②この度、近江佐和山に籠城して落城した時、（家康方として佐和山城を攻撃した）田中吉政の軍勢に生け捕りにされた。
③（その後）家康の御前へ召し出され、田中吉政に御預けになり右筆になることを命じられた。
④現在は（新しく筑後国柳河藩主になった）田中吉政の御供として（筑後国柳河に）下ってきた。
⑤（この書状の宛所である鍋島直茂（なおしげ）家臣の）久納俊茂とは御隣国（筑後国と肥前国）なので、今後のことは是非是非（よろしく）頼みたく、以前のようにお目にかかりたい。
⑥私の名は今日改名して、清水権兵衛ということになった。

この書状の内容からは、関ヶ原合戦の後、石田三成の居城である佐和山城が家康方の諸将により攻撃されて落城した際に、清水権兵衛は家康方の部将に殺されることなく、家康の命で田中吉政の右筆になったことがわかり、久納俊茂と清水権兵衛（清水少斎）は関ヶ原合戦以前から面識があったこともわかる。

佐和山城に籠城した一員であったにもかかわらず、清水権兵衛が家康の命で殺されなかったのは、右筆という、いわば文官であったことに起因すると思われる。関ヶ原合戦後の佐和山城攻撃では、石田三成の居城ということもあり、籠城側は皆殺しにされたとイメージされがちであるが、このように助命されて他の大名に再仕官したケースもあったのである。こうした事例が明らかになることも、やはり一次史料の分析の重要性を物語るものであろう。

本書では、これまでの関ヶ原合戦像が、合戦に至る経緯も含めて、有名な「名場面」で構成された歴史ドラマのような理解をされてきたことに対して、一次史料をもとにした分析からすると従来の理解は歴史事実とは大きく異なることを具体的に指摘してきた。

それに関連して、大坂三奉行が七月十七日に「内府ちかひの条々」を出したことにより家康が公儀から排除されたとしても、どうしてあれほど多くの部将が家康に味方したのか、という質問を受けることがあるので、その点を簡単に説明しておきたい。

結論から先にいうと、関ヶ原合戦において家康に味方して戦った部将は、現在一般に考えられているほど多くない。本書の第二章で述べたように、家康に味方して戦った徳川家以外の部将は、東海道外様グループと遠国外様グループを中心とした諸将だけであり、軍勢の数としてはその合計の四万人程度に家康が江戸から直率してきた軍勢をプラスした数である。これに対して、石田・毛利連合政権が八月上旬の時点で動員した諸将の兵力数の合計は約一九万人である（『真田家文書』上巻、五六号文書）。よって、家康が動員できた兵力数の方が少なかったことはあきらかである。

現代の我々が、家康の兵力がいかにも大兵力であったかのように錯覚しているのは、江戸時代の軍記物において、家康方として関ヶ原合戦に参戦したことが一次史料で確認できない部将が次々と家康に味方したように水増しして記述されていることが原因である。この点にも江戸時代の軍記物による捏造の悪影響が見られる。

そのほか、通説では伊達政宗は終始、家康に味方したように説かれることが多いが、本間宏氏は以下のように指摘している（本間宏「伊達政宗と「関ヶ原」」）。

①九月に入り伊達政宗を取りまく情勢は急変し、上杉景勝から降伏を求められて休戦を余儀なくされた。
②政宗は上杉方への態度を曖昧にしたまま、上方の戦局に関する情報を集めて時間を稼いだ。

③東軍の勝利が確信できるまで、政宗は徳川・上杉の両者に対して二股外交を展開していた。
よって、伊達政宗が終始、家康に味方していたとする通説の見解は、見直す必要があろう。

また、前田利長の動向について、見瀬(みせ)和雄氏は以下のように指摘している(見瀬和雄「関ヶ原合戦前夜の北陸と前田利長―慶長五年九月五日付前田利長書状」)。

①前田利長は、七月二十六日に金沢を出陣し、伏見城救援のため軍勢を南下させ、途中、大聖寺城を攻略してさらに越前へ進軍しようとしたが、八月一日に伏見城が落城したとの知らせを受けて一旦金沢に兵を引いた。
②しかし、二、三日中に再出陣しようとしたところ、弟の前田利政が再度の出陣を拒否して、越前境への出陣計画が狂い、家康に申し開きができない状況になった。
③その後、前田利長が金沢を再び出陣したのは九月十一日であった。

この点を考慮すると、前田利長が直接家康に加勢する戦力にはならなかったことは明らかである。前田利長が伏見落城(八月一日)以後、金沢に帰陣したあと八月中は軍事行動を停止したことは、上方の石田・毛利連合政権の動向を注意深くうかがっていたと見なすこともできよう。

江戸時代の軍記物では、福島正則などの反石田三成方の諸将が、三成に対する憎悪の感情が非常に強かったために石田三成方の軍勢と戦った、というように描いているが、こうした感情論だけで説明がつくと思うのは間違いである。反石田三成方の諸将の一人である細川忠興は、石田・毛利連合政権によってすでに改易処分を受けており、戦いが長期化すると、他の反石田三成方の諸将も同様に改易になることは明らかであった。だからこそ、上杉討伐を中止して、石田・毛利連合政権（石田・毛利連合軍）との決戦を急いでおこない決着をつける必要に迫られていたのである。

このように、関ヶ原合戦については、軍記物の悪影響である、いわば小説の荒唐無稽なフィクションとしての世界観を排除して、一次史料による真摯な分析が必要であり、今後もそうした努力を続けていきたいと思っている。

なお、本書の第二章において提示した「（慶長五年）八月二十一日付福島正則覚書」が所収された『藤堂高虎関係資料集・補遺』――三重県史資料叢書五（三重県編集・発行、二〇一一年）は、三重県生活・文化部文化振興室県史編さんグループより御恵送していただいたものである。この福島正則覚書の内容分析により貴重な発見ができたことは、こうした機会を得たことによるものであり、その意味で深く感謝する次第である。三重県は筆者の出身県であり、三重県生活・文化部文化振興室県史編さんグループの調査により、今後、藤堂高虎関係の新出文書がさらに出てくることに期待したい。

そのほか、本書の第四章の作成にあたり、関ヶ原合戦の布陣図の所蔵関係機関として、岡山大学附属図書館池田家文庫、岐阜県図書館、大垣市立図書館、名古屋市蓬左文庫、西尾市岩瀬文庫、愛媛県立図書館伊予史談会文庫には各布陣図の閲覧に関して、それぞれ御高配に預かった。また、本書の口絵等の写真掲載に関して、福岡市博物館、大垣市立図書館、生駒陸彦氏（生駒家十八代御当主）より許可していただいた。その点について関係各位に謝意を表する次第である。

本書の刊行にあたっては、宮帯出版社編集部の勝部智、田中愛子、中岡ひろみの各氏にはお世話になり、厚く御礼を申し上げたい。特に原稿整理担当の中岡氏には、編集・校正作業の各段階でいろいろと御教示をいただき感謝する次第である。

本書が関ヶ原合戦に関して読者の皆さんの再考の一助となれば、著者として望外の喜びである。

二〇一四年盛夏

白峰 旬

第三刷のあとがき

この度、本書の第三刷が出ることになった。初版から約一年半という短期間に多くの読者の目に触れたことは感謝に絶えない。本書刊行後の反響は非常に大きく、多くの書評で積極的な評価をいただいたほか、BS日テレの歴史番組『解明!片岡愛之助の歴史捜査』では「関ヶ原の合戦の真実を追え!」として前編(二〇一五年五月七日)、後編(同十四日)で本書の内容が新説として大きく取り上げられ、著者である私自身もインタビュー出演した。また、本書で新説として打ち出した、小早川秀秋が開戦と同時に裏切ったことや、関ヶ原の戦闘が短時間で決着したことなどは、これまでの通説を大きく否定するものであり、こうした点は最近の一般の歴史書でも受け入れられるようになってきている。

筆者としては、今後も関ヶ原合戦に関して、通説の見直しを進め、新知見を提示したいと考えている。

二〇一六年五月

白峰　旬

参考文献

史料（刊本）（順不同）

『當代記 駿府記』（史籍雑纂、続群書類従完成会、一九九五年）
「慶長年中卜斎記」（『改定史籍集覧』第廿六冊、臨川書店、一九八四年復刻。原本は近藤活版所発行、一九〇二年）
「関原始末記」（前掲『改定史籍集覧』第廿六冊）
宮川尚古著『関原軍記大成（一）』（国史叢書、国史研究会発行、一九一六年）
宮川尚古著『関原軍記大成（三）』（国史叢書、国史研究会発行、一九一六年）
『徳川実紀』第一篇（新訂増補国史大系、吉川弘文館、一九八一年）
参謀本部編纂『日本戦史 関原役（本編）』（日本戦史編纂委員撰、版権所有参謀本部、元眞社発行、一九一一年（明治四十四年）、三版。初版は同書奥付によると一八九三年（明治二十六年））。
参謀本部編纂『日本戦史 関原役（文書・補伝）』（日本戦史編纂委員撰、版権所有参謀本部、元眞社発行、一九一一年（明治四十四年）、三版。初版は同書奥付によると一八九三年（明治二十六年））。
参謀本部編纂『日本戦史 関原役（附表・附図）』（日本戦史編纂委員撰、版権所有参謀本部、長尾景弼印刷兼発売者・博聞社印刷兼発売所、一八九四年（明治二十七年）、再版。初版は同書の奥付によると一八九三年（明治二十六年））。
『石田軍記』（国史叢書、国史研究会発行、一九一四年）

貝原益軒編著『黒田家譜』（歴史図書社、一九八〇年）
山鹿素行著『武家事紀』中巻（原書房、一九八二年復刻。原本は山鹿素行先生全集刊行会が編纂兼発行者として一九一六年に発行）
上野市古文献刊行会編『公室年譜略—藤堂藩初期史料』（清文堂出版、二〇〇二年）
上野市古文献刊行会編『高山公実録—藤堂高虎伝』上巻（清文堂出版、一九九八年）
桑田忠親監修・宇田川武久校注『改正三河後風土記（下）』（秋田書店、一九七七年）
中村孝也『徳川家康文書の研究』中巻（日本学術振興会、一九五九年）
徳川義宣『新修徳川家康文書の研究』（財団法人徳川黎明会、一九八三年）
『岐阜県史』史料編、古代・中世四（岐阜県、一九七三年）
『新編信濃史料叢書』二巻（信濃史料刊行会、一九七二年）
『大日本古文書』（吉川家文書之二、東京大学史料編纂所編纂、財団法人東京大学出版会発行、一九二六年発行。一九七九年覆刻）
『大日本古文書』（吉川家文書別集、東京大学史料編纂所編纂、財団法人東京大学出版会発行、一九三二年発行。一九七九年覆刻）
『大日本古文書』（島津家文書之二、東京大学史料編纂所編纂、財団法人東京大学出版会発売、一九五三年）
『仙台市史』資料編一一、伊達政宗文書二（仙台市史編さん委員会編集、仙台市発行、二〇〇三年）
生駒陸彦・松浦武編『生駒家戦国史料集—尾張時代の織田信長・信雄父子を支えた一家』（松浦武氏発行の自家版、秀文社印刷、一九九三年）
『新訂寛政重修諸家譜』第二（続群書類従完成会、一九六四年）
『新訂寛政重修諸家譜』第六（続群書類従完成会、一九六四年）

『新訂寛政重修諸家譜』第九（続群書類従完成会、一九六五年）
『新訂寛政重修諸家譜』第一六（続群書類従完成会、一九六五年）
『新訂寛政重修諸家譜』第一八（続群書類従完成会、一九六五年）
『寛永諸家系図伝』第二（続群書類従完成会、一九八〇年）
『寛永諸家系図伝』第六（続群書類従完成会、一九八三年）
『寛永諸家系図伝』第一三（続群書類従完成会、一九九〇年）
『寛永諸家系図伝』第一四（続群書類従完成会、一九九二年）
細川護貞監修『綿考輯録』二巻、忠興公（上）（出水神社発行、汲古書院製作・発売、一九八八年）
細川護貞監修『綿考輯録』四巻、忠利公（上）（出水神社発行、汲古書院製作・発売、一九八九年）
『舜旧記』第一（史料纂集、続群書類従完成会、一九七〇年）
『愛知県史』資料編一三、織豊三（愛知県史編さん委員会編集、愛知県発行、二〇一一年）
『朝野旧聞裒藁』第一〇巻（内閣文庫所蔵史籍叢刊・特刊第一、汲古書院、一九八三年）
『朝野旧聞裒藁』第二〇巻（内閣文庫所蔵史籍叢刊・特刊第一、汲古書院、一九八四年）
『藤堂高虎関係資料集・補遺』（三重県史資料叢書五、三重県編集・発行、二〇一一年）
『鹿児島県史料・旧記雑録後編三』（鹿児島県、一九八三年）
藤井治左衛門編『関ヶ原合戦史料集』（新人物往来社、一九七九年）
『三河物語　葉隠』（日本思想体系二六、岩波書店、一九七四年）
「藤堂家覚書」（『改定史籍集覧』第十五冊、臨川書店、一九八四年復刻。原本は近藤活版所発行、一九〇二年）
加藤泰侚編『北藤録』（伊予史談会双書第六集、伊予史談会編集・発行、一九八二年）
伊予史談会編『大洲秘録』（伊予史談会双書第七集、伊予史談会編集・発行、一九八三年）

『広島県史』近世資料編Ⅱ（広島県編集・発行、一九七六年）
『山形県史』資料編一五上、古代中世史料一（山形県、一九七七年）
『山形県史』資料編一五下、古代中世史料二（山形県、一九七九年）
『石川正西聞見集』（埼玉県史料集第一集、埼玉県立図書館編集・発行、一九六八年）
神戸大学文学部日本史研究室編『中川家文書』（臨川書店、一九八七年）
『佐賀県史料集成』古文書編、一七巻（佐賀県立図書館、一九七六年）
『新修福岡市史』資料編、中世一（福岡市史編集委員会編集、福岡市発行、二〇一〇年）
『真田家文書』上巻（米山一政編輯、長野市発行、一九八一年発行、二〇〇五年改訂）
松田毅一監訳『十六・七世紀イエズス会日本報告集』第Ⅰ期第三巻（同朋舎出版、一九八八年）

史料（関係機関所蔵史料）（関係機関名五十音順）

大分県立図書館所蔵写本『武徳編年集成』（碩田叢史の内）の写真帳
大垣市立図書館所蔵『関ヶ原御合戦物語』
岡山大学附属図書館池田家文庫所蔵『慶長記』（書架番号Ｐ21-86、及び、210・5-26）
岡山大学附属図書館池田家文庫所蔵『関原大條志』（書架番号Ｐ21-167）
岡山大学附属図書館池田家文庫所蔵『関原物語』（書架番号Ｐ21-168）
岡山大学附属図書館池田家文庫所蔵『濃州関原合戦聞書』（書架番号Ｐ21-209）
京都大学総合博物館所蔵「福嶋家文書」（京都大学文学部古文書室架蔵写真帳）
国立公文書館内閣文庫所蔵『天元實記』四（請求番号150-0070）
名古屋市蓬左文庫所蔵『太田和泉守記 全』（請求番号105-32）

書籍・論文等（氏名五十音順、敬称略）

新井敦史「黒羽町所蔵の関ヶ原合戦関係文書について」（『那須文化研究』一三号、那須文化研究会、一九九九年）
新井敦史「東国版関ヶ原合戦に関わる黒羽城主大関氏発給文書等について」（『那須文化研究』一八号、那須文化研究会、二〇〇四年）
伊東多三郎「当代記小考」（『日本歴史』二五四号、吉川弘文館、一九六九年）
伊藤敏子「太田和泉守自筆本「内府公軍記」」（『大和文化研究』第一三巻七号、大和文化研究会、一九六八年）
大澤 泉「史料紹介 杤山斉氏所蔵『内府公軍記』」（『大阪城天守閣紀要』三七号、大阪城天守閣、二〇〇九年）
太田光俊「近世後期における藤堂藩の修史事業―『高山公実録』の成立時期をめぐって」（『藤堂藩の研究・論考編』（藤田達生監修、三重大学歴史研究会編、清文堂出版、二〇〇九年）
笠谷和比古『関ヶ原合戦―家康の戦略と幕藩体制』（講談社、一九九四年）
河合秀郎「戦国合戦次第」（『歴史群像アーカイブvol.6 戦国合戦入門』、学習研究社、二〇〇八年）
河合秀郎「戦国鉄砲隊、前へ！」（前掲『歴史群像アーカイブvol.6 戦国合戦入門』）
桐野作人『関ヶ原 島津退き口―敵中突破三〇〇里』（学研パブリッシング、二〇一〇年）
白峰 旬『新「関ヶ原合戦」論―定説を覆す史上最大の戦いの真実』（新人物往来社、二〇一一年）
白峰 旬「フィクションとしての小山評定―家康神話創出の一事例」（『別府大学大学院紀要』一四号、別府大学大学院文学研究科、二〇一二年）
白峰 旬「直江状についての書誌的考察」（『史学論叢』四一号、別府大学史学研究会、二〇一一年）
鈴木眞哉『謎とき日本合戦史―日本人はどう戦ってきたか』（講談社、二〇〇一年）
曽根原理『神君家康の誕生―東照宮と権現様』（吉川弘文館、二〇〇八年）

太向義明「『当代記』研究ノート—時間的文言の分析（巻三〜九）」（『武田氏研究』四八号、武田氏研究会、二〇一三年）
高橋 明「小山の「評定」の真実」（『福島史学研究』九一号、福島県史学会、二〇一三年）
図録『決戦関ヶ原—武将たちの闘い』（徳島市立徳島城博物館、二〇〇二年、六二、七六、七七頁。いずれの頁も根津寿夫執筆）
樋口隆晴「戦国時代のコンバット・シューティング」（前掲『歴史群像アーカイブvol.6 戦国合戦入門』）
福田 誠「［詳解］戦国八陣」（前掲『歴史群像アーカイブvol.6 戦国合戦入門』）
本多隆成「小山評定の再検討」（『織豊期研究』一四号、織豊期研究会、二〇一二年）
本間 宏「伊達政宗と「関ヶ原」」（『二本松歴史研究会研修会資料』、二〇一二年六月十七日、於二本松市福祉センター）
見瀬和雄「関ヶ原合戦前後の北陸と前田利長—慶長五年九月五日付前田利長書状」（佐藤孝之編『古文書の語る地方史』、天野出版工房発行、吉川弘文館発売、二〇一〇年）
『歴史群像シリーズ④ 関ヶ原の戦い【全国版】史上最大の激突』（学習研究社、一九八七年）
『歴史群像シリーズ 戦国セレクション 決戦関ヶ原』（学習研究社、二〇〇〇年）

辞典（順不同）

松村明監修『大辞泉』（小学館、一九九五年）
『国史大辞典』八巻（吉川弘文館、一九八七年）
『日本国語大辞典（第二版）』九巻（小学館、二〇〇一年）
『日本国語大辞典（第二版）』一一巻（小学館、二〇〇一年）

〔著者紹介〕

白峰 旬（しらみね じゅん）

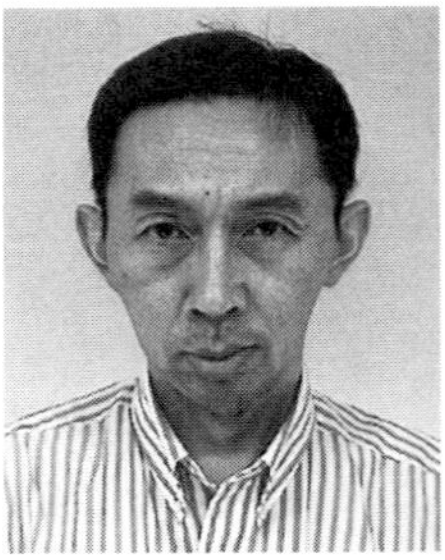

1960年、三重県四日市市に生まれる。1985年、上智大学大学院文学研究科博士前期課程修了。1998年、名古屋大学にて博士（歴史学）の学位取得。現在、別府大学文学部史学・文化財学科教授、および別府大学アジア歴史文化研究所長。著書に『日本近世城郭史の研究』（校倉書房、1998年）、『豊臣の城・徳川の城―戦争・政治と城郭』（校倉書房、2003年）、『幕府権力と城郭統制―修築・監察の実態―』（岩田書院、2006年）、『新「関ヶ原合戦」論―定説を覆す史上最大の戦いの真実』（新人物往来社、2011年）など。

新解釈 関ヶ原合戦の真実
脚色された天下分け目の戦い

2014年10月20日 第1刷発行
2019年 7月20日 第4刷発行

著 者 白峰 旬
発行者 宮下玄覇
発行所 株式会社 宮帯出版社
京都本社 〒602-8157
京都市上京区小山町908-27
営業（075）366-6600 編集（075）803-3344
東京支社 〒160-0008
東京都新宿区四谷三栄町8-7
電話 （03）3355-5555
http://www.miyaobi.com/publishing/
振替口座 00960-7-279886

印刷所 シナノ書籍印刷株式会社

ISBN978-4-86366-928-4 C0021

戦国武将茶人

真田より活躍した男
毛利勝永

高山右近

立花宗茂

のぼうの姫
甲斐姫の実像

桃山・江戸時代初期の
大大名の茶の湯

茶道美談